行 政 生 態 學

彭 文 賢 著

學歷：國立政治大學法學博士
　　　美國普林斯頓大學博士後研究
　　　英國劍橋大學訪問研究
經歷：政治大學、中興大學、中山大學、
　　　東吳大學副教授、教授
現職：中央研究院中山人文社會科學研究
　　　所研究員
　　　清華大學合聘教授

三 民 書 局 印 行

國立中央圖書館出版品預行編目資料

行政生態學／彭文賢著. --修訂初版.
　--臺北市：三民，民81
　　　面；　　　公分
　ISBN 957-14-0234-6（平裝）
　含參考書目

　1.公共行政-哲學，原理　I.彭文賢著

572.01/8663

© 行政生態學

著　者　彭文賢
發行人　劉振強
著作財產權人　三民書局股份有限公司
印刷所　三民書局股份有限公司
　　　地址／臺北市重慶南路一段六十一號
　　　郵撥／○○○九九九八一五號
初　版　中華民國七十七年九月
修訂初版　中華民國八十一年十一月

基本定價　　　　　　　元

行政院新聞局登記證局版臺業字第○二○○號

著作權執照臺內著字第

編號 S 57034

ISBN 957-14-0234-6（平裝）

行政生態學　目　次

第一章　緒　　論

第二章 行政生態的剖析

第三章　先進國家的公共行政

第四章　發展中國家的官僚組織

第五章　行政改革的概念、結構和策略

第六章　我國行政的生態與行為

第七章　我國行政的適應與未來

第一章　緒　　論

　　行政生態學 (Ecology of Public Administration) 爲行政學研究的一個新的學派，首先提出這一學說的學者爲哈佛大學教授高斯 (John Gaus)。高斯早在 1947 年卽強調生態環境的各種因素，爲解釋和了解行政行爲的唯一途徑。但不知爲什麼，隨高斯提出此一主張之後的十多年，他的理論一直未爲行政學家所重視。直到1960年以後，美國大行政學家雷格斯 (Fred W. Riggs)，才利用這一理論研究了泰國和菲律賓的行政行爲，並且更藉著這一理論創設了行政發展過程中的三大類型: 卽㈠農業社會的行政型態 (administrative model in agraria)，亦稱鎔合行政型態 (fused administrative model);㈡過渡時期之行政型態 (transitional administrative model)，亦稱稜柱型態 (prismatic model) 或沙拉型態 (sala model);㈢工業社會的行政型態 (administrative model in industria)，亦稱繞射模式 (diffracted model)。行政型態之發展，本來係經過漫長連續不斷的過程，形成了一個發展的連續體 (continuum)，在這一連續性的發展過程中，任何一種行政理論僅能用以解說這一連續發展過程中的一個片斷而已;因此利用任何行政理論來解釋一個行政制度中的行政行爲，其結果僅能獲得某種或然率 (probability) 的瞭解，而無法達到百分之百的正確。根據雷格斯的意

見，利用上述的三種行政型態的理論，幾乎可以分別解釋所有社會中的行政行為。但是在使用任何理論之前，必須先了解社會究屬農業社會、過渡時期社會、抑或工業社會，然後才能利用正確的理論，達到了解行政行為的目的。

行政生態學，視為一種學理固無不可，但如視為一種行政上的研究途徑則更為恰當。生態學 (ecology) 一辭，係指任何有機體的生長環境而言。例如一株果樹，它的生態環境為果樹本身以外的土壤、水分、空氣和陽光等。果樹之能否發芽、成長、開花、結果，完全視生態環境中的這四大因素是否適宜而定。假若果樹不能開花結果，我們決不能茫然歸咎於果樹本身，而忽略生態環境因素，這樣不免會犯了只重視現象而忽略了原因的錯誤。根據行政生態學的原理，一個行政制度也被視為一個有機體的東西，這是晚近行政學及一般社會科學研究的主流。

行政制度既被視為一有機體，所以要想了解行政行為，必須研究行政制度和它生態環境之間的關係，因為行政行為的良窳，與制度本身的關係甚微，多係由生態環境中的各種因素所促成的結果。故所謂行政生態學，就是在研究行政行為時，必須研究生態環境中的因素及其與行政行為間之關係的一種科學。

第一節　公共行政比較研究的趨向

自 1887 年普林斯頓大學 (Princeton University) 教授威爾遜 (Woodrow Wilson)（此人後來成為美國第二十八任總統）發表第一篇有關公共行政的論文以後，公共行政才從政治學的領域中分離出來，而逐漸發展成為一門具有獨立地位的學科。從早期的科學管理思想、人羣關係理論，以至晚近對組織行為的注重，公共行政的研究一直具有輝煌

的成果，因而使得這一學科的內容也日益充實。但是，二次大戰前，美國公共行政的研究取向主要偏重於政府政策的執行效能與效率問題，對於其他國家的行政制度則略而不談，更遑論行政的比較研究。古立克（Luther Gulick）所提出的行政七要項：計畫(planning)、組織（organizing)、人事（staffing）、指揮（directing）、協調（coordinating）、報告（reporting）、以及預算（budgeting），簡稱為（POSDCORB），大致可以概括此時公共行政學的內容與精神。

1947年，戴爾（Robert A. Dahl）教授發表一篇論文，首先提出了行政之比較研究的重要性，並且還揭示其研究的原則。認為公共行政的研究一天欠缺比較性，那麼使它成為一門科學的企圖，就一天無法實現。

1952 年 9 月間，在普林斯頓大學召開一次比較公共行政研究討論會，目的是要找出一些共同的指涉標準，以幫助學者們在研究和描述不同國家的行政制度和行為時，可以運用共同的範疇而且各人所得的成果可以互相比較。結果，沙爾（Wallace Sayre）和寇夫曼（Herbert Kaufman）於次年合作提出一篇報告，題為〈比較行政典範研究計畫〉，分別寄給美國國內外學者，這篇報告有兩個基本假設，即一，每個社會都具有由上而下的階層關係。二，我們可以透過一套預先設計的問題，來探知這些關係的模式。可惜報告中所提出的問題，大多數僅基於西方政府的經驗，因此被戴蒙特（Alfred Diamant）批評為：「它們反映出初期企圖建立比較行政學的天真無邪。」

1954年，雷格斯開始搜集與比較行政有關的文獻，結果發現大部份僅描述個別國家的行政制度，而且歷史取向的意味十分濃厚，甚少涉及較廣泛的理論架構。這些文獻當為比較研究的原始資料頗具價值，卻不能算是真正的比較行政研究。

到了1957年，印第安那大學政治學系出版一本劃時代的《公共行政的比較研究》。在這本打字影印的書中，編者首先把比較行政的演進和趨勢作一簡短的評介。但最突出的，應該算是雷格斯一篇長達93頁而且以後常被引述的純理論性文章：〈農業社會與工業社會——建立比較行政的類型〉。他借用社會學一些結構——功能分析的概念，把人類社會分為兩個思想的類型，以觀察和預測它們在行政方面，各具什麼顯著的特色。該書所收的六篇個例研究，其中五篇討論所謂發展中地區的國家，只有一篇討論西方國家（法國）的行政問題。

美國是一個以自由團體組織聞名的國家，對學術研究也不例外。1960、61 年間，一批志同道合的學者，在美國行政學會贊助下，創設一個「比較行政團體」（Comparative Administration Group，簡稱CAG），並推雷格斯教授擔任主席。1962年，此團體獲得福特基金會補助一百萬美金，分為八年使用，便開始積極展開活動。最重要的，是每年暑期在不同校區舉行的專題研討會。這些論文，以及個別會員自願提供的論文，都打字油印分寄給各會員，稱為 CAG Occasional Papers。其中比較有價值的，後來按性質編集成書，目前已經出版好幾部。另外一項工作，是發行不定期的《會友通訊》（Newsletter），報導團體和會員個人的學術活動，並藉資聯絡感情〔江炳倫，62：102—103〕。從此，比較行政的研究才逐漸受到重視，並且獲得快速的發展。赫第（Ferrel Heady）教授認為導致比較行政研究進展的動機，主要有以下幾項：（一）理論的探求；（二）把知識實際應用於解決開發中國家之各種問題的強烈欲望；（三）比較政治研究之進展的偶然貢獻；（四）大批接受歐洲行政法傳統訓練之學者的興趣轉向；以及（五）以比較的觀點對傳統行政學主題（subject matter）進行更深刻研究的結果〔Heady, 1979: 3〕。

關於比較行政的研究趨向，雷格斯於1962年間曾發表了一篇文章，題目為：〈公共行政比較研究的趨向〉(Trends in the Comparative Study of Public Administration)，很有見地的指出了下列幾個相對的發展方向〔Riggs, 1962: 9-15〕：

一、從規範性 (normative) 研究逐漸轉向實證性 (empirical) 研究

所謂規範研究 (normative approach)，其主要的目標乃在擬定「理想的」(ideal) 或至少是「較好的」(better) 的行政組織結構與行政活動的模式。在公共行政學中的所謂「原理」，有許多就含有規範之意。這種處理問題的作法，在強調「至善之法」(one best way) 的「科學管理」(scientific management) 運動中，達至頂盛。它是先假定一個中心價值，即以行政效率的提高作為追求的唯一目標，並且認為可以設計一些「理想的」或「較好的」行政結構和行為原則 (principles)，以求達此目的。早期的公共行政學教科書中，常可見到許多教條式的所謂「行政原理」，例如「如何成為一位成功的主管」，「如何組織一個政府機構」等等。本世紀二十年代在美國風行一時的「科學管理運動」，即是強調要達到最高的效率，每件行政工作皆須遵循一個最好、最理想的執行方法。

但後來學者們對這些行政原理提出如下幾點詰難：（一）要告訴人家如何做，必須先了解事實的真象和問題的癥結，否則如江湖術士隨便開藥方，必然是很危險的。（二）行政情況極其複雜且千變萬化，鮮有真正的「萬靈丹」或「金科玉律」，可以在一切情形之下皆可生效。（三）許多所謂行政原理，深入分析之後，實質上與提出這些原理的人之價值觀或甚至偏見是分不開的。果若如此，他們怎樣可以把從自己主觀價值所演繹而得的原理，視為天經地義，要普世人士都欣然接

（四）人類的欲望是多方面的，他們透過行政組織所欲達致的目標也是多方面的。行政效率固然是一個可欲的目標，但如果忽視了機關組織內部，組成份子們的複雜心理過程及其交互作用，勢必產生偏差，反而往往達不到眞正提高效率的目的。

早期比較研究之例，可舉伊登（Dorman B. Eaton）的《英國文官——職權濫用與改革， 以及對於美國政治影響之歷史研究 》（*Civil Service in Great Britain*: *A History of Abuses and Reforms and Their Bearing upon American Politics*）一書作爲代表。 此書充分表現規範主義。對於外國，尤其英國行政慣例的大量研究，此書算是前導。 其研究的目標是在提示可供美國國內仿傚的模型。 威爾遜（Woodrow Wilson）著名而影響很大的論文就屬此類。

這種由規範研究而至取材外國以 「供美國借鑑型」（mirror for Americans） 的比較研究， 自二次大戰後， 被類似而反向的取材美國以「供他國借鑑型」（mirror for others） 的所取代。亦卽將觀察的角度改向，而以美國的實例供作他國，尤其是低度開發國家仿傚的模型。後舉的這種「供他國借鑑型」的比較研究數量日增，這些研究與報告多爲專家、外籍顧問、技師，甚至曾受西方訓練之新興國家的年輕行政專家所提出。在這些研究與報告之中，有許多立論精闢的著作，對於美英法及其他西方國家制度之在他國適用的可能限制，均精確地指出了受限的理由與因應的途徑。

在相關的研究中，阿樸歐畢（Paul H. Appleby）對於印度行政的研究報告是一顯著的例子。此研究與同類型的其他研究一樣，含有許多實證的與分析性的材料；但於提示這些資料之中，卻蓄含一種假設，亦卽某一個良好的行政制度必具某些特質。此一論點又令人感受到：在基本方法上仍具有規範的格調。

二、從個例的描述 (idiographic) 逐漸轉向通則 (nomothetic) 的建立

首先，就定義言，所謂個例研究即指單就某一特殊事例，或特定歷史事件，或特定個案，或某一機構或國家，或某人之自傳或某一文化地區，而加以研究。與此相對，研究方針如在探尋通則定律與假設，以確定行為的規則性，變數之間的相互關係者，則稱為通則研究。很顯然的，這二者各處極端，偏偏許多研究卻居於兩者之一。

最典型的個例研究，乃採「國家研究」(country study) 的形式，這就如比較政府研究一樣，單就某國政府加以描述與分析。通常，有關某地區的論著均收集一起，編在一本書的某部份，而冠之為〈比較政府〉(comparative government)。實者，談不上眞正比較研究，只在每地區論文部分的導論中，由編者提示該地區各國或政治制度中的同異之處。這種「國家研究」通常均關有某章專論某種政府制度，如「英國文官制度」，「法國官僚制度」等等，由此而解說各國行政體系的特質。

另一種個例研究係運用歷史研究法。關此，有一行政歷史的不朽鉅著，即為懷特 (Leonard D. White) 四大冊有關美國公共行政的調查研究。另外，有一些對於印度文官制度的歷史研究，以及對於菲律賓與古時中國文官制度的研究，均頗富價值。

最後，我們應舉出某些研究，在方法上雖仍為個例研究，卻收集有許多行政體系的材料。此可稱為類別資料研究法 (the "classified-date" method)。法愛納 (Herman Finer) 與佛雷德李奇 (Carl Friedrich) 的著作可歸屬此類。其論著雖曾就某個政府抽繹一般性的通則原理，惟在基本方法上仍先就各國政府組織結構作一番整理與分類，再就類似的分別論列相關的資料。此等論著就整個政府組織加以研究之同時，並特

關專章論述官僚組織，以及文官制度等行政學領域中的問題。

在這一類論著之中，恰布曼 (Brian Chapman) 所寫《政府的專業文官》(*The Profession of Government*)，專門說明現行歐洲各國文官制度的種種實例。另有一論著居於國家研究與類別資料研究之間，即西森 (C. H. Sisson) 的《英國行政的精神，與某些歐洲國家之比較》(*The Spirit of British Administration, and Some European Comparisons*)，正如書名所標示，此書乃以英國的制度為主，間或就法德及瑞士等國類似之點加以論述。

然而，我們知道：科學研究的理想目標，是透過觀察、歸納、假設和求證的步驟，以冀獲得普遍性的知識。因為社會科學多無法操縱其研究對象，不能從事實驗，所以有一段很長的時間，被迫停留在個別事件的觀察和描述上，很少能夠作有系統的歸納。公共行政學於此亦不例外。但是學者們仍然努力不懈，企求循由下面三個途徑，來克服這個困難：(一) 儘量把所蒐集的資料予以數量化，而電腦作業和新的統計方法對此提供了很大的幫助。(二) 廣泛採取比較研究的方法，以彌補欠缺大規模實驗的缺憾。(三) 透過科際整合 (inter-disciplinary approach) 途徑，借用其他社會科學，尤其是社會心理學的理論和新發現，來闡析機關組織的行為模式，同時並擴大了行政學研究的領域。通則性的研究，乃成為另一個新的取向。

三、通則研究 (nomothetic approaches)：結構類比 (homological) 與功能類比 (analogical)

「比較研究」一詞，雷格斯認為應只限於實證的、通則的研究而言。惟通則分析如無個例研究分析所得之資料，則將無從進行。蓋通則分析所提供的原理、理念架構，或相關標準 (criteria of relevance)，

不管曾否明述，均將成爲從事歷史或地區研究的專家學者，取捨資料的指引。因此，個例研究與通則研究之間，並非互相取代，而是相輔相成，不可或缺。

通則研究可分爲兩大類：一爲結構類比，卽以結構同異點之研究爲主；另一爲功能類比，卽以功能及相關變數 (related variables) 之研究爲主。

結構類比研究，乃舉述不同體系之中具有共同特質的組織結構。從某種角度來看，上面所提法愛納、佛雷德李奇及恰布曼卽採用此法。但是，欲求得通則，分析研究者必須由描述進而提示一般原理，這就常須以解釋性的假設方式，對於所描述的同異點加以註解與說明。

遺憾的是以此方法研究公共行政之論著，爲數仍是有限。鄧氏 (S. Y. Teng) 的論著很引人入勝，頗值得一提，他追溯英國文官考試制度的某些特質，以及印度現行的實例均同源於中國的種種事實。

其論著大半仍沿用個例研究的方法，蓋其主旨乃在追踪事件發生的經過，而鮮有意圖提示一般原理，尚屬「觀念史」(history of ideas) 之類型。荷茄特 (A. M. Hocart) 的論著或可爲例。荷氏自近代及古代的種種社會中，挑出類同的組織結構而予以研究。其論著對於傳統的政治機構，如何由同源分岐的過程，曾有精闢的說明。此外，此論著有一優點，卽對其所採用的研究法，交代得非常清楚。

至於功能類比法，不以結構爲基本單位，而是以結構的後果卽功能爲研究的主題。功能可用變數 (variables) 來表示。所謂變數卽指事物共有而用以比較分析的因素。例如貨品有供銷售之功能，因而具有價格。於是價格就成了一般貨品共有的變數，而不同的貨品就可以價格來比較貴賤。同理，氣候可以氣溫之高低來比較。國力的比較，可取人口與個人所得之多少，政府集權之程度，以及國民「動員」(mobilized)

於大眾傳播的幅度爲變數。 如何確定及處理變數, 在功能結構學者 (functional structuralists) 的論著中有相當的說明。

任何一種行政體系都有許多方面可用這種功能變數予以分析。亦卽可以用各種體系在各個變數的尺度或坐標所處之位置,而予以定位與量度。由此可以進而設定關係,亦卽某變數之變動如何影響另一變數之變動。這些假設可自若干實際社會中所獲得的資料予以印證。如發現實例與設定之關係相差時,就得修正或改變原來的假設。以此方法研究,我們或將如自然科學,逐漸進步而至一種能獲證實的公共行政科學。

以往行政學的教科書,大多祇對本國的制度和有關法令作一番介紹闡述;偶而提到別的制度,也無非是作一些「優劣」的比較而已,很少是著意從客觀的比較分析,尋求建立科學化的通則。戴爾 (Robert E. Dahl) 於1947年發表論文說:

> 公共行政的比較面向來被疏忽。然而公共行政研究一天欠缺比較性,欲使它成爲科學的企圖,就一天無法實現。或許可以有一種美國公共行政學,一種英國公共行政學,一種法國公共行政學,但不可能建立一個涵蓋普通原則、 可放諸四海皆準的公共行政學。

要把許多事物和制度放在一起,比較其異同,應首先建立共同的指涉架構,訂定比較的標準。其次則應劃定比較的範圍。歷史文化、地理環境、政治經濟制度等等,都或多或少對行政行爲產生影響。我們作比較時,是否可以把行政方面單獨抽離出來,或者必須同時顧慮到其他有關的面向?戴爾在同一文中表示其意見說:

> (一) 從某一國家的行政環境歸納出來的概論,不能夠立刻予以普遍化,或被應用到另一個不同環境的行政上去。一個理論是否適用於另一個不同的場合,必須先把那特殊場合加以研究

之後才可以判定。

(二) 除非我們先深入研究凡能影響公共行政的種種政治和社會現象，並指出公共行政那些方面確實是超越特殊的社會背景；否則實不能說已經獲得眞正普遍的概論。究竟有沒有放諸四海皆準的公共行政原理？抑是所有原理都是在特殊環境範圍之內才有效呢？

(三) 公共行政研究勢必是一種具有廣泛基礎的學科，它不僅僅是建立在偏狹的技術和程序的知識之上，而且應該包括各國歷史、社會、經濟，以及其他可顯示其固有特色的種種因素。

　　簡言之，戴爾認爲比較行政學研究，應該採取生態的 (ecological) 觀點。結構與功能兩方面的單純類比，事實上是無法看出整個行政的內涵與底蘊的。

四、從非生態的研究 (non-ecological approach) 至生態的研究 (ecological approach)

　　所謂生態研究，簡單的說，是指當我們研究一個國家的行政制度和行爲時，不可只從行政本身作孤立的描述和比較，而必須進一步瞭解其與週遭環境的互相關係。近年來，雷格斯提倡生態研究不遺餘力。他認爲在已發展國家，社會的各面向，如經濟、政治、行政等，多少各有自己的範圍，所以較易個別抽離出來研究。但是在發展中國家，這些面向往往糾纏在一起，彼此親密地互爲影響著，因此研究者必須把眼光擴大至整個社會政治體系的各有關因素，才能够把公共行政的實況眞切勾劃出來。

　　首先，雷格斯於 1955 年在普林斯頓大學所主辦的「比較政治研討會」(seminar of the comparison on politics) 中，形成了農業的與工

業的觀念，並於日後發表了〈Agraria and Industria〉的重要論文。這篇論文的主調是建立在一個「兩極型模」(polar model) 上，用以陳示最低度與最高度發展 (the least & the most developed) 之社會的「政治行政制度」(politico-administrative system)。在這個「兩極型模」中，雷格斯已經自覺到在眞實世界中，旣無純粹的農業社會，也無純粹的工業社會，並且已意識到在「農業與工業」二者之間有一「中間的」(intermediate)型態，或可稱之爲「過渡底」(transitia) 型態。儘管雷格斯此一「兩極型模」有其缺失，但卻已爲後來的「稜柱型模」作了最好的預備工作。翌年雷格斯又參加了耶魯大學的「比較行政的研討會」(seminar on comparative public administration)，他的理論性的工作又推進了一步。之後，他以社會科學比較政治研究會 (committee on comparative politics of the social science research council) 的會員身份到泰國研究其公共行政，在泰國這段時間中，使雷格斯的型模建構工作有了印證的機會，而爲他的「稜柱型模」找到了堅強奠基的磚石。1958到1959這一年裏，雷格斯爲菲律賓大學聘爲客座教授，使他更有一個機會對「稜柱型模」作深一層的思考。在這幾年中，雷格斯一直爲「型模建構」作持續性的發掘工作，單就從他所發表的一連串的論文裏卽可獲得瞭解。最後，雷格斯終於放棄了〈Agraria and Industria〉的兩極型模，而以歸納的思考建立一更富邏輯性的型模。此一型模已不僅僅以「最低或最高發展」的社會爲適用對象，而是可以用來包舉各個類型的社會，所有傳統社會、現代社會，以及過渡社會都可以安放到這個新建的型模中，這個新建的型模就是我們要加以分析的「鎔合的——稜柱的——繞射的型模」。在這個型模中，他的「鎔合的」(fused) 與「繞射的」(diffracted) 作爲兩極型態，而在這二極型態之間的中間型態，卽爲「稜柱的」(prismatic) 的型態。雷格斯相信他這個「稜柱型模」

較之「韋伯型模」或「英美型模」更富於廣含性與普遍適用性。〔江炳倫，62: 102-106〕。

　　總之，行政生態學，主要是研究一個行政制度中之行政行為與生態環境之間關係的學問；換一句話講，任何行政行為，皆受客觀生態環境因素的影響。因此，如想了解行政行為，必先研究生態環境。

第二節　公共行政的生態研究法

　　行政生態研究法的基本概念，主要源於生物學上的生態學（ecology）。因此，為了正本清源起見，我們必須先對生態學有所瞭解。

一、生態學的意義

　　英文 Ecology 一詞，譯名紛紜，有生態學、區位學、地境學及依靠學等數種，但其意均在顯示自然環境與社會制度及現象彼此間交互影響之關係。一般認為，這名詞是德國生物學家漢克爾（E. Honckel）於1869年首創，然而肯奈德（C. B. Knight）在最近出版之《生態學基本概念》（*Basic Concepts of Ecology* 1965）首章予以辨正，謂先於漢克爾一年已由德國另一生物學家萊特（Reiter）提出。但這種研究一直到本世紀初，始陸續有生態學書籍問世，發展而成為生物學的一個重要部門。

　　生態學原指研究環境所加之於動物和植物的影響。動物學家和植物學家用這一概念研究動植物與環境之間的關係，即成為動物生態學和植物生態學；社會學家也採用自然科學家的觀點，從事於社區研究之上的，則稱之為人文生態學。植物學家發現植物羣集內有著不斷的生存競爭，同種植物互爭水分、陽光、熱量和其他必要的營養，並爭佔有利的

地位；但在另一方面，異種植物之間，由於需要不同，自動互惠，而無意識地產生合作，如松苔互惠卽是一例，苔受松蔭，而松賴苔以保持土壤濕潤。它們此種互拒與共生的關係，爲社會學家所借用，而有助於人文生態學的研究。

人文生態學是以美國芝加哥學派的派克 (R. F. Park) 和蒲其斯 (E. W. Burgess) 爲先鋒。他們在 1921 年出版《社會學導論》中，最先採用「人文生態學」這一名詞，卽係運用動植物生態學的概念、術語和技術，對人類社區作有系統的研究。依派克之構想，人文生態學發展成熟時，並非爲社會學支流，而是社會生活之科學研究所不能缺少的一種見解、方法和知識，因爲它正如社會心理學一樣，將成爲社會科學的總基礎。生態學的研究，旣已逐日受重視，其界說亦因學者研究角度的歧異而莫衷一是，如依泰勒（W. P. Taylor）的看法，「乃爲所有生物對所有環境的所有關係」；畢斯（Bews）則謂「普通生命形式是環境、功能和機體三者所構成，研究此三合一體之時，必視爲不可分割之整體。此種研究卽是我們所謂之生態學」〔龍冠海，60: 359〕。

二、生態學的基本特性

生態學主要就是研究生命機體與其環境間的關係，此種生態關係，具有左列三種基本特質：

（一）功能依存關係 (relationship of functional interdependence)：

生態學是功能理論的一個支流，從功能理論之生態觀點而言，任何經濟、文化、政治和行政制度等皆爲一有生命的個體，是經過一段漫長的成長過程漸漸演進而來的。 也就是說在生命的個體之間， 以及生物與環境間都存有一種功能的相互依賴關係。松苔的相依爲命就是一個著

例。功能依存關係的兩種現象就是互惠 (symbiosis) 與共生 (commens-alism)；前者是基於兩者間的互補差異 (complementary differences)，而後者則基於彼此的補充相似 (supplementary similarities)。

生物學家康孟勒 (Barry Commoner) 說： 「生態學的頭一條定律是： 世界上萬事萬物互相關聯。」 達爾文所謂 「生命之網」 (web of life)，即指此種關聯。他曾提出一個典型的例子：

英國用以為食糧的苜蓿 (clover)，其花房甚小，僅有一種小野蜂之尖喙能伸入，採其蜜而傳其粉。此蜂所釀之蜜，為田鼠所喜食，鼠多則蜂少，導致苜蓿歉收。貓能殺鼠，老處女愛養貓，長而不嫁者多，貓亦增多，鼠則減少，蜂得以繁殖，苜蓿乃告豐收。

社會學家龍得堡 (G. A. Lundberg) 將達氏之例推廣至人類社區：苜蓿豐收，農村經濟繁榮，個人所得增多，結婚率加高，養貓之老處女減少，田鼠之剋星一去，便肆狷獗，小蜂首當其衝，苜蓿傳粉無媒，卒受其害，因而減產，造成農村經濟蕭條，男人娶不起老婆，老處女又加多，苜蓿又賴以豐收，如此往復循環。

宇宙之內， 芸芸眾生， 相生相剋， 相反相成。 湯普遜 (J. A. Thompson) 謂競爭合作 (competition-cooperation)， 交相作用，本是一個社會學的概念， 達氏用之於有機生命， 創造出震古鑠今的「進化論」， 在生物學領域內大放異彩。

世界上萬事萬物如此組成一個錯綜複雜的網絡，牽動一絲，波及全網。 湯氏云： 「凡有機體均非孤立之生物。 任何一個生命， 就是一根線，與其他的生命線交織成網。花卉與昆蟲配合無間，像手指插入選對了號碼的手套。貓與印度發生鼠疫的關係，及與英國苜蓿收穫豐歉的關係，二者是同樣的密切（按以往英國所養貓由印度輸入）。在同一生命界之內，各有機體之禍福與共，正如同一軀體內五官四肢之痛癢相關。

植物與動物，花卉與昆蟲，動物中之草食者與肉食者，其間所發生的取和給，供和求，刺激和反應，關係非常奧妙難測。我們所知者迄今雖然很有限，但亦能藉此對存在於自然界的廣大的『自動制衡組織』(self-regulating organization) 作管中之窺豹，以見其一斑。」〔朱岑樓，六十年六月聯合報：區位學〕

(二)動態平衡關係 (relationship of dynamic equilibrium)：

　　這是指在生物與其環境間，經常由於各種投入與產出 (inputs and outputs) 而保持一種平衡的狀態。這種關係並且經常呈現一種循環性。這就是說，從環境輸入某些物質、能量到生命機體，生命機體加以利用後，又會輸出某些物質到環境，如此卽形成一個動態的平衡，而這一環境→生命機體→環境的過程就是一種循環，如此循環不已而維持了此一系統的存在，但是這種動態平衡關係亦非永遠能够保持。換言之，動態平衡關係的保持也有一定的極限，當超過這個極限時，則平衡關係卽受到破壞而消失，生命機體可能就會滅亡；例如，人在週遭的溫度高到或低到某一極限之內時仍然可以生存，而一旦超過了此一極限則可能死亡。這就是說，生物對於環境的變化雖有調適的能力，但是當環境的變化太大時，生物卽喪失了這種能力而趨於滅亡。動態的平衡還依賴一種「反饋」(feedback) 的作用。反饋就是把資訊 (information) 從環境帶進生命機體而促使生命機體採取某些必要的「因應措施」，以達到調適之目的的一種過程。此外，由於環境的變遷是不停的，生物為了適應這種外在環境的變遷，常需在內部發生種種的應變，因而結構的分化、功能的專化以及組織的趨於複雜等現象便不斷發生，這就是我們所稱的內部發展 (internal development)。生物學家班特蘭菲 (Ludwig von Bertalanffy) 就曾指出這種現象，他說：「此種趨於不斷複雜化(increasing complication) 的傾向卽是生命機體的基本特徵。」生物的不斷進化應

該就是由於此一原因。

（三）生態學的多學科性：

所謂生態學的多學科性是指生態學具有與其他多種學科必然發生密切關係的性質。我們知道生態學研究的對象是生命機體、環境及兩者之間的關係；以環境而言，所包含的因素便極多，因此，研究生態學必須借助其他學科的知識與方法乃是極其明顯的事。肯奈德在其所著《生態學的基本概念》一書中卽說：「作爲一種科學的學科，生態學不能與其他科學分離，正如有機體不能與其環境隔離一樣。大多數的生態學家必須依賴來自自然科學的知識。一些已經有良好基礎的學科，如化學、物理學、氣象學(meteorology)、氣候學(climatology)、地質學、地理學和數學等都能提供生態學者許多重要的資料。」並舉例說：「沒有關於生物之功能（此卽生理學）的知識，生態學家對於許多重要的環境因素，及其對某一特殊區域的生物體之影響，便不能有完全的瞭解。」由此可知，生態學乃是一門牽涉甚廣的、未臻成熟的學科。難怪肯奈德又說：「此種依賴許多其他基本學科提供知識與資料的性質導致一種評論，認爲生態學並非生物學的一個已成長的分支(a full-hedged subdivision)，而只是一種『思考方法』(a way of thinking) 或是一種生物哲學（biological philosophy）。」〔Knight, 1965: 70ff〕

三、生態學在行政研究上的意含

我們知道生態學原來只是生物學的一個分支，同時，由於它具有多學科性，所以幾乎只是一種「思考方法」，這就是生態學何以能成爲一種研究法的主要原因。生態學最早只限於「植物生態學」（十九世紀），在二十世紀才有「動物生態學」的出現。而社會學家應用此種概念於社會的研究之後，才發展成爲「人文生態學」(human ecology)，人文生

態學主要就是採取一種生態的觀點於社區（community）的研究上。因此，我們知道社會科學在借取生態學從事研究時，只是採取它的精神與方法；所以其對行政的研究亦不例外。我們認爲生態學對行政研究的涵義有以下兩點：

（一）類比性的（analogical）：這是說將行政制度比做是生態學的生命機體，而社會則爲其環境。因此在研究行政現象時，我們只研究其與社會之其他現象的相互關係，至於其與自然環境的關係，就常被視爲邈遠且爲難以證實的無用假設了。

（二）提示性的（suggestive）：這是指採取生態學的精神於行政研究之上，其重要之點是認爲：假如我們能指證（identify）形成和改變行政制度的周圍條件（conditions）、影響力（influences）和各種力量，並且依其重要性加以排列的話，那麼我們對於官僚治體（bureaucracies）及其他社會制度的探討上，將可獲得更佳的瞭解〔Heady, 1979: 24〕。

由前面的敍述可知，行政生態研究法的主旨，在於採取生態學的精神與方法來研究行政制度與其環境之關係。根據當代最享盛名的行政生態學者雷格斯的看法，要了解一個社會的行政行爲（administrative behavior），必須跳出行政本身的範疇，而從其社會背景中去了解，亦卽去了解公共行政與其環境（environment）之關係。社會學者指出，「行政文化」（administrative culture），只是整個社會系統（general social system）的一個「附屬文化」（subculture），所以，我們要了解一個國家的公共行政，必須從塑造這個行政的生態背景（ecological background）去著手，這一種用生態學的方法（ecological approach）研究公共行政的觀念，首創於哈佛大學的高斯（John Gaus）教授，而把這一觀念與方法發揮得淋漓盡致的則是雷格斯教授。他的名著《行政生態學》（*The Ecology of Public Administration*）一書就是以此一觀念與方法爲出

發點與歸宿點的〔金耀基，56：序〕。在描述過程中，雷氏將生態研究法 (ecological approach) 界定為：

「乃是研究制度和其環境之間的交互行為形態。至其應用到行政時，便意謂著：自然以及人類文化環境與公共政策運行之間的相互影響情形」(By an ecological approach I refer to the interaction between any system and its environment. As applied to administration, this means the many ways in which the physical, human, and cultural environments of government are affected by the performance of public decisions.)〔1971年2月2日在政大演講詞〕。簡單的說，行政生態學 (ecology of administration) 應該包含兩個面向：一是探討各國特有的社會、文化以及歷史等諸因素如何影響並塑造公共行政；一是，反過來看各國的公共行政又如何影響其社會文化的變遷與發展。亦即當我們研究某一國家的行政時（尤其是發展中國家），不僅要研究其行政制度，更應該研究其行政行為；不僅從行政自身的觀點去研究行政，更應該擴大範圍，從與行政有關的社會背景、政治制度、意識型態、價值觀念，以及經濟結構等各方面來加以分析，探究因果，尋找關係；換言之，即必須研究行政與其環境的關係。

生態環境，按其演進的先後順序，可分為傳統農業社會的生態環境、過渡社會的生態環境和工業化的近代社會生態環境。每一種社會生態環境，皆有其獨特的特性，而這些特性又為決定該社會中行政行為的主要因素。要想了解行政行為，就必須了解這些因素及其行政行為之間交互行為、交互影響和交互依賴的關係。

不過話說回來，在強調行政生態研究之重要性的同時，我們又須留意下面三點：

（一）生態學本來是專指研究生物體與其自然環境交互影響的學

間，最近才被挪借到社會科學研究上。然而，人類社會並不是眞正的有機體，社會現象也不是全由環境所決定的。人的主觀意識雖然受著客觀環境的影響，但也不能否認它具有某些程度的創造力，可以克服環境、超越環境。因此「生態」兩字，用在生物界與用在社會科學界，只能作爲擬比詞 (analogue)，不能視爲毫無差別的同義詞。

　　(二) 生態觀點提醒我們注意可能影響行政的環境因素，但不可矯枉過正，致陷於環境決定論的單向思維——錯把政治與行政行爲視爲僅是某些外在交互壓力所造成的結果。雷格斯曾經強調非決定性的生態觀點，他說：「在敍述環境對某種主體的影響時，應同時指出主體對環境的影響。唯有把兩方面相對的交互作用都察看明白，才算眞正建立了生態的模式」。〔Riggs, 1964:5〕

　　(三) 可能影響行政的環境因素極其繁多，自然無法一一都加以分析。因此，在從事實際研究時應該設法抽離幾項最主要的因素，或先把各種因素依其重要性的輕重加以先後排列。赫第 (Heady) 認爲我們可以把可能影響行政的各種環境因素畫成幾道大小重疊的圓圈，設最靠近核心官僚組織 (bureaucracy) 的影響力最強勁，則第一道外圈應是政治體系，其次是經濟體系，外緣的大圈子則代表整個社會體系。如此，當我們從事實際研究時，就有先後次序或取捨的依據。換句話說，在提倡生態研究的同時，我們也應提防納進過多的因素，不然恐怕窮畢生之力也難獲得結論。許多政治學家和行政學家主張選擇「中程理論」(middle-range theories) 作研究，就是因爲有這個顧慮。生態觀點和中程理論本質上並不一定相衝突，但它們所強調的方向則多少有點不一樣。如果我們兩方面的考慮都顧到，從事研究時就不容易走上歧途〔江炳倫，62: 108〕。

第三節 行政生態研究法的產生背景

1945年及1947年，美國學者高斯（John M. Gaus）和戴爾（Robert E. Dahl）曾分別提出行政之生態研究的主張，但是第一本眞正以生態方法從事行政研究的著作卻直到1961年才問世。從此以生態方法來研究行政的主張才逐漸受到重視與討論。行政生態研究法的崛起，我們在探尋其中的原因時發現，實爲下列三個因素所促成：

一、晚近社會科學研究方法的影響

近幾十年來，社會科學在研究方法上，最主要的兩大創新就是行爲研究法（behavioral approach）和科際研究法（interdisciplinary approach）。

這兩種研究法乃是密切相關的，行爲的研究必須是科際的研究，而科際的研究亦必以行爲的研究爲內容。更進一步說，人的行爲所涉及的面向至爲廣泛，一個簡單的行爲其可能牽涉的面向便很多——生理的、心理的，甚至於是文化的。因此，要理解人的行爲便必須從各方面來加以分析，這也就是行爲的研究必須是科際研究的原因。至於科際的研究必須以行爲爲內容乃是科際研究法的要義，其理至明，無庸贅述。

從以上觀點得知：研究行政必須同時滿足兩種要件：（一）不僅研究行政制度，更應該研究行政行爲；（二）不僅從行政自身的觀點去研究行政，更應該擴大範圍，從與行政有關的社會背景、政治制度、意識型態、價值觀念，以及經濟結構等各方面來加以分析，探究因果、尋找關係。換言之必須研究行政與其環境的關係。這兩種要件組合起來便發展成爲另一種研究法，卽是我們所稱的「生態研究法」。生態研究法乃是

源於行爲研究法與科際研究法而具有這兩種研究法的特性，亦卽是這兩種研究法在行政研究上的應用〔Riggs, 1961: ch. 2〕。

二、對開發中國家提供技術援助所得經驗的啓示

二次大戰後， 殖民地如雨後春筍般紛紛 離開大國的統治而獨立，而另外一些國家也開始湧向現代化。 爲了幫助這些國家建國 （nation-building）和發展， 聯合國及美國的一些私人組織（如福特基金會） 便積極對這些國家提供技術援助， 其中一項主要的工作就是幫助這些國家建立一個有效的公共行政制度， 或從事行政的改革。因爲一般都認爲行政的有效與否和國家的發展具有密切的關係， 所以， 只要具備一個健全而有能力的行政制度， 則其他方面的發展卽易如反掌。基於這種想法，西方民主國家的一些行政制度 、 官僚組織， 以至行政方法、 行政技術等便透過許多行政顧問而大量地移植到這些國家來。但是經過一段時間後， 大家卻發現， 這些原來被認爲相當完善而有效的行政制度， 在這些新的土地上卻不如所預料的能够生根、發芽且茁壯起來， 反而有「水土不服」的現象。於是， 一些有識之士便又立卽展開研究， 檢討其中的原因所在。研究的結果發現， 並非移植來的這些制度不爭氣， 而是當地的水土有許多是不適於這些制度的。因此， 他們獲得了一項寶貴的啟示，一致認爲在移植西方的制度到這些國家時， 首先應該對當地的情況做詳細的研究與充分的瞭解， 而斷不能貿然地把西方的東西原封不動地搬過來。正如醫生必須研究、明瞭各種病人的病情， 而後才能對症下藥、治癒疾病一樣， 行政專家在介紹行政制度到開發中國家時， 亦必須先熟悉各國的社會、政治、經濟和文化等各方面的情形， 而後才能引進適當的制度或加以修改而產生良好的效果。這種主張， 簡單的說， 就是認爲行政與其所在的環境具有密切的關係；因此， 要瞭解行政制度和行政行爲

就必須研究這些環境以及行政與環境的相互關係。換言之，就是在研究開發中國家的行政時，必須採取一種生態的觀點。誠如雷格斯所說：「在現代的、過渡的社會裏，一直有一種建立正式的 (formal) 政治和行政制度的趨勢，但是這些制度卻仍只是一種形式的 (formalistic)。這就是說，有效的行為仍絕大部分取決於傳統的結構和壓力，諸如家族、宗教，以及一些繼續存在的社會和經濟成規(socio-economic practices)。因此，只有以生態的觀點才能瞭解這些國家的政治和行政，亦卽從非行政的因素 (non-administrative factors) 去觀察行政。」〔Riggs, 1962: 9-15〕。

三、社會系統理論 (social systems theory) 的啓發

社會系統理論源自「一般系統理論」(general systems theory)。根據著名社會學家帕森思 (Talcott Parsons) 的說法，一個社會系統，像所有有生命的系統 (living systems) 一樣，先天就是一個開放的系統 (open system)，它一方面與其環境 (environment) 發生交換的過程 (processes of interchange) (或稱爲「投入——產出」關係)，另一方面在內部各單位間亦有交換發生。將社會系統視爲一個開放的系統，從某些觀點看，就是視其爲另一或更多上級系統 (superordinate systems) 的一個部分，也就是一個次級系統 (subsystem)。在這一意義上，它與更大的系統 (the more comprehensive system or systems) 的其他部分具有相互依賴的關係，因而一部分基本的投入 (essential inputs) 卽依賴他們提供。循著這種社會系統的思維方式，行政學者便獲得了一個靈感：把行政制度視爲一個系統，而以社會爲其大環境，社會內的其他制度則是社會的次級系統，且與行政系統發生密切的關係。社會內的其他系統構成行政系統的環境，同時亦與行政系統一樣都是社會的次

級系統。從這一觀點研究行政，事實上，就是將行政置於社會的系絡 (social context) 中。這種研究行政與其環境間之關係的觀點，就是一種生態的觀點。所以，生態研究法實際上就是一種開放系統的研究法。比較行政學者在應用這種觀念從事開發中國家行政的研究時，發現非常適當，因為在開發中國家裏，一般地說，其社會之結構分化 (structural differentiation) 的程度很低，這就是說，社會的各個部分如政治、行政、經濟等都不太具有固定的領域和行為模式 (pattern of behavior)。換言之，即各部分都是息息相關而不獨立的；所以，研究行政即必須同時對其他相關的部分加以研究，如此才能得到行政的真象〔吳復新，61: 9-10〕。

第四節　行政生態研究法的理論建構

有人說要看「真正」的泰國，必須要離開曼谷而到鄉間去觀察。同樣的，也有人會說要看真正的自由中國，必須離開臺北這十里小洋場，而到臺東、花蓮一帶鄉村去觀察。的確，這些話均有理由，但這理由只對了一半。不錯，在城市與鄉區之間有其絕大的分殊，但我們卻不能說只有鄉區才可以代表泰國或自由中國，實際上城市與鄉區都可代表，也都不可以代表，只有二者合起來才是真正的泰國或自由中國的全貌。仔細分析起來，鄉區接近傳統社會的社會結構，城市則接近現代的社會形態，鄉區城市都不可拿來孤立地看，正如要了解一個人不能把他的四肢與軀體分開來看一樣。明確地說，傳統的社會結構與現代社會形態的「同時存在」正是過渡社會的特色。〔金耀基，56: 114〕

　　我們就一個社會的「繞射標度」來說，一個社會結構的專門化程度
是與其社會的繞射化程度成正比的；譬如在一個繞射社會中，必定是有
一套專門化的結構或組織來擔負起公共行政的任務。反之，在一個鎔合
社會中，其結構也是鎔合的，在這種社會裏，不可能找到一個專門化的
行政組織，而其行政功能則是由一些非專門化的結構（non-specialized
structure）行之的。但是，我們對於稜柱社會的行政結構卻很難予以概
括地說明，在這種社會裏，行政功能可以有高度專門化的機構執行，也
可以由非常普化（highly diffused）的機構執行。由於稜柱社會的異質
性太大，所以，往往可以看到其中央政府在航空、廣播等方面有極專化
的機構負責，但在較遠的村落則根本無專門的行政機構可言。雷格斯在
這裏提出了一個頗有意義的區分，他說在「稜柱社會」中的行政結構常
有二種不同的功能；一是「明定的」（manifest），卽一個組織所預期的
目標；一是「潛在的」（latent）卽非所預期的。他說稜柱社會的「準
行政結構」（quasi-administrative structure）可以衍化爲二種形態：一
種是有「明定的」但卻無「潛在的」功能，另一種則是有「潛在的」
但卻無「明定的」功能。他說後一種形態在現代化前期（pre-modern
stage）的西方國家中較多，而前一種形態則在當代非西方的過渡社會中
較眾。何以故？因爲非西方的過渡社會大都是受「外來的型模」（external
model）所影響的；一些改革家可以便宜地把西方先進的制度原原本本
搬回來，許多衙門修建起來了，許多行政上的新制度建立起來了，可是
這些新制度卻不是已經「建構化」（institutionalized）的。因此十之八
九有名（manifest）無實（latent），只是一種「門面」（facade）。而大
部分行政工作則由傳統的，普化制度之「潛在的」功能所擔任。反之，
在現代化前期的西方社會（也是稜柱社會），則一些傳統鎔合制度的規
章（charter）雖然維持原狀，可是實際上則已經擔負了新的專門化的行

政功能，所以，它們常是有實無名的。此一「名」之取得常須等到這個社會之「繞射化的後期」（later stage of diffraction）〔彭文賢 71：49-51〕。

雷格斯在開發中國家從事研究的經驗豐碩，他在菲律賓和泰國的研究成果卽可說明。雷格斯學術研究的特色，除了嶄新的詞彙、模型的運用、廣泛運用其他學術的資料和持續關切非西方世界（non-western world）外，就是他的方法論（methodology）。而雷格斯一生研究的軌跡，正好是方法論發展的最佳範例。他的「農業型和工業型」（agraria and industria）的「兩極模型」（polarized model），代表了傳統研究中「二分法」的延續〔Riggs，1961：23-116〕。1964 年他提出「稜柱型社會」（the prismatic society），以「鎔合的——稜柱的——繞射的模型」（fused-prismatic-diffracted model）來說明發展的過程仍是一個連續體（continuum），並對開發中國家的行政現象闢出新的研究取向〔Riggs，1964〕。而後在 1973 年，雷格斯於《稜柱型社會的再審視》（*Prismatic Society Revisited*）一書中，對原有稜柱社會的「單向途徑」（one-dimensional approach）提出修正，而使用「雙向途徑」（two-dimensional approach）來使原有模型更具解釋力。亦卽從原有「分化的程度」（degree of differentiation）之單面，增加「整合的程度」（degree of integration）之新面向〔Riggs，1973〕。因此，吾人擬從這個發展軌跡來分析雷格斯的理論內容：

一、「兩極模型」之建立——工業型和農業型

在1950年代前，學者大多以「二分法」來探究傳統和現代社會。雷格斯的「兩極模型」基本上可說是這個趨勢的反映，他對模型建構之醉心肇基於此。基本上，模型並不一定在現實中找到完全相契合的存在，

但是模型確實啟示了共同的特徵和重要的關係。模型建構的目的，乃在於促進教學、研究和分析的便利，同時經由模型可以指出實證觀察中可能遺漏的因素，可以顯示變項和指引命題建立的方向。

雷格斯的「兩極模型」可以說是從薩頓 (F. X. Sutton) 的「農業型」和「工業型」的類型建構 (typology)，再加上帕森斯 (Talcott Parsons) 的五對比較概念綜合而成的〔Buechner & Koprowski, 1976: 127; Caiden, 1976: 260; Sutton, 1963: 67-81〕。薩頓在 1955 年認爲：「農業型」社會具有重視身分和習俗、地緣團體的穩定性、簡單且固定的角色分化，以及階級劃分明顯等特徵；「工業型」社會則具有普遍而成就的規範 (universalistic and achievement norms)、高度社會流動、平等的階級制度 (egalitarian class system)、眾多組合性機構和發展良好的職業制度〔Sutton, 1963: 67-81〕。

雷格斯在〈農業社會型態與工業社會型態比較行政研究〉(Agraria and Industria: Toward a Typology of Comparative Administration) 一文中採用二極化的建構模式，闡明農業社會與工業社會在行政特質上有明顯的不同，他強調，在農業化的行政型態下具有下列主要特徵：

（一）歸屬的關係取向與特殊化的分配型態：在農業生產力的支持下，官僚制體的選定與形成、土地的分配及管理、以及政府重大事務的決定與執行，都是以歸屬的（即天生緣定的）、個殊化的、以及鎔合的功能佔絕對優勢。

（二）不變的地方團體及有限的空間流動：農業社會的人口移動甚少，社會結構乃以初級組織 (primary organization) 爲主。因此其行政乃流行一種世卿世祿之制，亦即一種以家族和親族主義爲骨幹的行政制度。「生於斯，長於斯，甚至死於斯。」是他們一生所抱持的生活方式，而且世世代代如此相傳。

（三）相當簡單而固定的職業分化：由於統治階級及被統治階級平素甚少溝通，而一般相同階級的交往亦受空間的限制。因此，職業選擇的自由是微乎其微，更談不上職業的專精。

（四）講究有廣泛影響力的社會地位：在農業社會中，階級地位高者，永遠是，而且也必然是有權力的、富有的、有聲望的、有良好教育的，以及受人敬仰的一羣，因而社會價值為人所追求者無非是要擁有廣泛影響力的社會地位。

事實上，除了上述四點農業社會的行政特徵外，雷格斯還強調，農業社會的行政活動是以地區性或以土地為基礎的，故行政的主要問題乃在於如何維持行政的一致與統一。

至於工業化的行政型態，雷格斯認為具有下列主要特徵：

（一）一般性的決策，乃是以專業化的功能與成就取向的標準為主：工業社會都以都市為生活中心，社會關係以次級組織（secondary organization），諸如各種職業或經濟社團為主。因此，人民具有影響政府決策的途徑，政治與人民的關係比較直接而相近，同時人才的甄拔，不講求背景和社會關係，而是完全以個人才華的表現為取捨標準。工業社會功能專化也是必然之徑，每個人都有精於一門的專長，而後再以組織方式，將他們全部做適當的安排。

（二）高度的社會流動：工業社會需要高度的流動與整合，故人們往來之間，不僅是面對面的溝通，而且藉用許多新的「中介」（vehicle）作為溝通工具，溝通路線頗為發達，政府與人民的接觸也十分頻繁。

（三）高度發展的職業體系，不與其他社會結構糾纏在一起：在工業社會，職業是人們生活的重心，人之於社會猶如大機器中之小螺絲釘，並且每一種職業體系都已高度發展。

（四）階級平等的存續，乃是基於普遍化的職業成就型態上：工業

社會的平等觀念，建立在職業成就之上，對於機會均等的原則，信守不渝。

（五）會社（association）流行，且具有功能專化的特徵：在工業社會，職業性或非職業性的會社都極為流行，這些會社都具有特殊的功能與目的。會員進入這些會社是公開的，凡是資格合於會社規定者，都可自由加入與退出，不以身分或特殊的地位為取捨。

其實，雷格斯在分析農業社會與工業社會的相異特性時，除了上述幾點外，主要還是以結構功能研究法來闡述。所謂結構功能研究法，乃是將農業社會及工業社會，分別以經濟背景、社會結構、意識形態、溝通系統，和權力形式等因素加以分析研究，這種研究的方式，奠下了雷格斯行政模型理論的基本概念。為醒眉目起見，再將雷格斯的二極化模式的結構功能分析，列表說明如下：

表 1-1: 農業型與工業型的兩極化行政模式

文化因素＼社會類型	農業社會行政型態	工業社會行政型態
經濟背景	①初級農牧或集約農場 ②土地為經濟重心 ③稅收無法維持政府必要支出	①市場經濟取向 ②自由競爭，政府管制 ③經濟與行政交互影響，稅源充裕
社會結構	①原級組織，歸屬關係 ②組織為成員求取個人利益的工具 ③要求集權而向組織施以向心壓力	①次級組織，成就取向 ②組織係求取成員共同利益的組合 ③為求分權而向組織施以離心壓力
意識型態	①神性觀念對「知識的」看法一致，而對「真理的」看法歧異 ②主觀的個人利己主義價值觀 ③一切制度要求儀式化，國家意識十分淡薄	①世俗觀念對「非理性的」看法一致，而對「知識的」看法歧異 ②客觀的普遍主義價值觀 ③一切制度要求理性化，國家意識極為濃厚
溝通系統	①有限的流動，面對面的溝通 ②不流動而且不整合 ③儀式化的溝通內容	①大量而充分自由流動，超越空間阻礙的溝通 ②流動而且整合 ③專業化的溝通內容
權力形式	①以聲望為影響力的基礎 ②象徵性的國家權力無法貫徹 ③官僚化的行政執行	①以財富為影響力的基礎 ②統治範圍明確，權力行使澈底 ③官僚權力講求效率，且限制擴張

總而言之， 雷格斯這篇論文， 主要是想建立一種「兩極模式」（polars model）， 用以說明最低度與最高度發展 (the least & the most developed) 社會的政治行政制度。在這個「兩極模式」中， 雷格斯已經自覺到在眞實世界中無法找到純粹的農業社會，也無法找到純粹的工業社會，而是意識到：在「農業型態」與「工業型態」之間有一個「中間的」(intermediate) 型態， 或可稱爲「過渡的社會」。這些概念已經成了他「稜柱社會」理論最原始且最基本的概念架構。

二、單向稜柱模式的建構

兩極模式並不足以完全刻劃出發展中國家多彩多姿的行政特色，因此， 雷格斯放棄了「農業型態」與「工業型態」的分析模式， 而重新建立一個更富於廣博性與普遍性的「 鎔合——稜柱——繞射模式 」（fused-prismatic-diffracted model)，我人皆稱之爲「稜柱模式」。

細考雷格斯的「稜柱模式」， 大致上可從其研究的角度，以及稜柱模式的內涵來加以析述：

（一）研究的角度：結構功能分析

稜柱模式的制定，是依據主要的社會制度在功能方面分化的程度爲標準來分類的。 他所提出的模型， 實際上等於高度分化的西方工業社會、功能未分化的傳統農業社會，以及介乎兩者之間的開發中社會。這些社會均有其社會、 經濟、 政治符號（political symbol）、 溝通系統 (communication)、 政治制度及權力觀念等的特質， 這些特質乃形成不同的行政制度。 這三種型態的社會，可以在折射測度表 (a scale of refraction) 上表示出來，正好是立於一條延線或連續性 (continuum) 的兩端與中間。雷格斯認爲社會裏各種構成要素的折射（分化）程度是可以測量的。同時他認爲他所提出的理論模型，是可以用來比較各種社

會的基本架構，因此可以了解各國行政的特質與異同。

雷格斯對行政的研究，主要是靠「功能結構分析」（functional-structural analysis）。所謂「結構」是指一個社會中的「行動模式」（pattern of activity），而功能則爲任何行動模式的結果。根據這樣的基礎來分析各種不同的社會，便可以發現傳統的農業社會，高度工業發達的社會，以及過渡中的社會，都有著功能上及結構上的不同。這些功能與結構可以用物理學上「光譜」（spectrum）的分析來說明，即在傳統的農業社會中（如泰國的傳統社會），各種功能與結構是「高度功能的普化」（highly functionally diffuse），沒有太多的分工，正如光線在投射到分光線之前，只是一片白色的光，這象徵傳統農業社會中的功能與結構的混雜一體的現象。但是白光在經過三稜鏡的折射之後，就表現出各種顏色的光譜，乃象徵工業社會中的功能與結構之間的明確化現象（highly functionally specific）。可是雷格斯認爲除了從這種兩極的觀點來分析之外，還要研究白光在「稜光鏡」（prism）之中的現象，也就是光線已經開始折射，但折射尚未完成的過渡狀態。增加了此一過程的研究，將有助於分析各種不同的社會型態。

（二）稜柱模式的內涵

社會分化的過程不能於一夕之間完成，社會的變遷也不會以同一速率向前邁進。究竟傳統社會是如何現代化呢？究竟鎔合社會如何變成繞射社會呢？在鎔合社會與繞射社會二極端之間的過渡階段又是什麼呢？這一連串的問題雷格斯都有妥善而深入的解答。他首先以光線射過三稜鏡的景況爲比喻：在「鎔合的白光」（fused white light）穿過三稜鏡的時候，白光就繞射成彩虹一般的光譜；其次他更進一步的將這種「繞射過程」（diffraction process）的情況視爲一種「連續體」（continuum）。他將此一理論引喻於眞實世界，認爲稜柱社會正是一「廣大發展連續

「體」之間可理解的地帶，茲再以圖 1-1 分析如後:

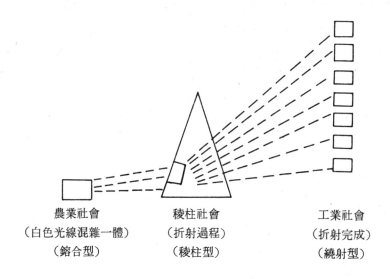

農業社會　　　　　稜柱社會　　　　　工業社會
（白色光線混雜一體）　（折射過程）　　（折射完成）
（鎔合型）　　　　（稜柱型）　　　　（繞射型）

圖 1-1　雷格斯的「鎔合的—稜柱的—繞射的」過程

　　雷格斯認為，一般社會科學家研究稜柱社會之所以未能得其精髓，主要在於未能充分理解一些社會「分化」（diffraction）的實況，他們往往僅執一「特殊結構」之偏，而未把握整個社會結構的整體。以家庭為例，在鎔合社會中，它是根本地影響政治、行政、宗教、倫理價值；而在繞射社會中，家庭對其他結構的影響力則是微乎其微；至於在稜柱社會中，程度上恰是介於二者之間，家庭對於其他結構的影響，較之在鎔合社會為小，而比繞射社會為大。經濟行為亦然，在稜柱社會中，若未把政治、行政、社會與經濟關係澄清，單獨的經濟行為，不但不足以說明一切，而且對經濟行為的本身亦無法弄清楚。

　　然而，社會結構的分化，本身為一社會事實與結果，倘若我們想對稜柱社會做一番了解，那麼就應該對社會所有單一的特質加以識別區

分。誠如雷格斯所言：想對社會各個特質加以深刻了解，則應該先明確
地將傳統社會結構與現代社會形態，「共同存在」之過渡社會的種種特
色弄清楚。爲說明之便，雷氏將鎔合與繞射的二極點之間作一頻率分布
曲線，如圖1-2來解釋他的論點。

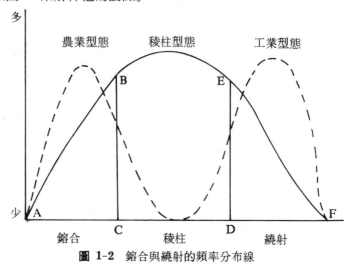

圖 1-2 鎔合與繞射的頻率分布線

在上圖中，虛線表示的曲線，是在強調鎔合的農業社會，與繞射的
工業社會二個極端，雷氏將這種分布的形式稱爲較同質的 (homogene-
ous)。 在實線所表示的曲線部份， 則可以看到從傳統的（鎔合的） 到
現代的（繞射的）之間有一「廣大變動的級距」 (a wide range of
variation)，雷氏稱此一分布形式爲較異質的 (heterogeneous)。這條曲
線卽在說明「稜柱模型」包括了傳統的（鎔合的） 特質，如圖中 ABC
範圍內所示，當然，也包括了現代的（繞射的）特質， 如圖中 DEF 範
圍所示。他又說， ABC 範圍內的問題，可以由人類學的知識來研究，
DEF 範圍內的問題，則可以由社會學的知識來解釋，而 BCDE 範圍所
示的， 則非藉助於雷氏自己所倡的稜柱模型不爲功。 我人知道， 雷氏

討論這個模型時始終是小心謹慎地遵循了 「演繹的程式」 (deductive scheme)。

　　前圖的理論演繹 (theoretical deduction) 可以適用解釋任何國家的現象，並且非常清楚明白的顯示出來，如圖 1-3 所示兩個國家的社會結

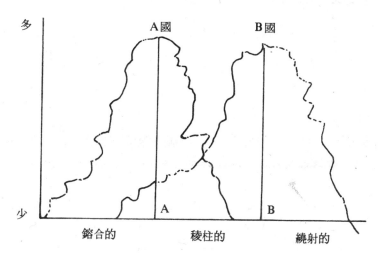

圖 1-3　稜柱模式的繞射標度

構可以用二條不規則的曲線說明之。亦即我們可以把某一國家放置在「繞射標度」(scale of diffraction) 的某一特點上， 假使現有二國， 那麼我們便可以調查其社會特質，而後再用稜柱模式來加以表示，如圖解 1-4所示。

　　上圖中顯示， A 國較 B 國為鎔合， B 國雖然是繞射化，但是還有相當的稜柱特性。

　　綜觀雷格斯的稜柱模型對於稜柱社會的析述， 的確較一般模型理論有用而精確得多。運用這個模型，可以觀察任何國家（社會）的行政特色，而且十分客觀，尤其他還應用帕森斯的「模式變項」作為理論架構

之經, 與「時間及分化標度」(time and scale of diffraction) 爲理論演化之緯, 稜柱理論的普受行政學界推崇, 其因在此〔彭文賢, 73: 47-51〕。

三、雙向的「稜柱模型」

在雷格斯提出「稜柱模型」後將近十年, 他自己提出了修正的模型。修正的重點在於突破原有單向性的 (unilinear) 思考方式。在原有的「稜柱模型」中只以「分化的程度」爲衡量標準, 認爲分化程度愈高,繞射程度亦愈高。這種推論方式無法解釋: 當一個社會系統已經分化但卻整合不良(malintegrated)時亦可能仍滯留稜柱社會的現象〔Riggs, 1973: 7〕。雷格斯將原有的稜柱模型稱爲「單向途徑」, 並繪圖如下:

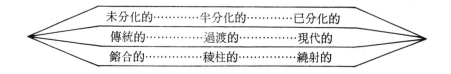

圖 1-4 單向途徑的稜柱模型示意圖

雷格斯自己承認這種推論是一項錯誤, 會誤導思考的方向, 因此在「單向途徑」上另加「整合程度」的座標軸。「雙向途徑」提示了: 稜柱社會不是專指經濟發展或現代化的特定階段, 而是可以反應在各種分化程度不同的社會中。如此之下, 稜柱社會並不只限於低度發展的國家。進而言之, 一個社會分化程度愈高, 則其需要的整合程度亦愈高, 方能達到繞射的境界; 但是它的冒險亦愈大, 成爲稜柱式崩潰 (prismatic breakdowns) 的災難結果亦愈大。雷格斯以西方社會城市中整合不良的現象爲例, 認爲當都市危機、種族暴動、學生罷課、大眾冷感、嬉皮現

象 (the hippy phenomenon) 出現時, 稜柱社會的特質亦可能呈現於高度發展的國家中,　例如納粹和法西斯之崛起於歐洲,　以及1930年代的經濟大恐慌,　均是最好的寫照。　茲再繪圖說明「雙向途徑」如下:　〔Riggs,　1973: 7-9〕:

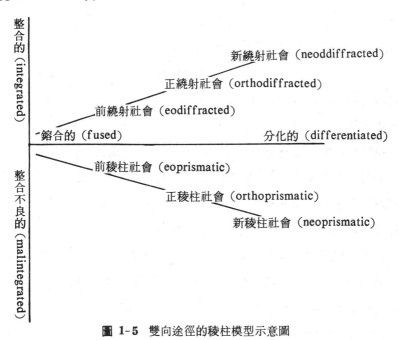

圖 1-5　雙向途徑的稜柱模型示意圖

　　雷格斯以 eo, ortho,　neo 三個字首建構六個新型態的社會現象, 這種區分使解釋的彈性更大 ,　更能掌握變遷的動態 (dynamics of change)。

　　從上述對雷格斯三個時期的介紹, 才了解「今日的雷格斯」乃是「昨日的雷格斯」最忠實而嚴厲的批評者。儘管雷格斯不斷修正其理論期能精益求精,　但是其他學者的批評仍是不斷。普李修斯 (Robert V. Prethus) 即認爲其模型太一般性和抽象化。阿羅拉 (R. K. Arora) 則

以相當的篇幅來探討稜柱模型的「負面性」（negative character），他認為該模型仍是一種西方的偏見，而且用來描述稜柱特質的術語是有價值負擔的（value-laden），因其只強調稜柱社會中的負面。蒙羅（Michael L. Monroe）亦謂稜柱模型仍是反應西方參照標準的，他責難雷格斯應該看看美國社會中的稜柱現象而多作反省。瓦爾生（E. H. Valson）和米勒尼(R. S. Milne)則對雷格斯所提的「形式主義」有所爭辯，認為「形式主義」在雷氏術語中既然是規範(formally prescribed)和實踐（actually practiced）間的差距，那麼「形式主義」的好壞就不能一概而論了，要視環境而定〔Heady, 1979: 73〕。

這些批評對於雷格斯模型確有所助，許多爭點在《稜柱社會再審視》一書中已經澄清。然而，要雷格斯的模型更具影響，實有賴於更多的印證。布蘭迪（James R. Braudy）卽以雷格斯理論來研究日本的行政行為，布氏反應：稜柱模型的實證運用和結論大致都可使用，但是他認為要比較模型中的因素和實況是困難的，蓋在日本社會中並不一定能找到模型中所提到的每個因素〔Braudy, 1964: 314-324〕。吾人相信：對於雷格斯模型的挑戰、修正和確定，乃是生態途徑得以展望明日的根基〔沈莒達，75: 9-10〕。

第五節　行政生態研究法的優點與限制

雷格斯自始就極力地尋求一個客觀而有效的模式，來分析發展中地區的行政問題，於是他憑著深厚的社會科學知識，豐富的創造力與想像力，以及敏銳突出的觀察力和洞識力，建立了邏輯嚴謹的「鎔合——稜柱——繞射模式」（fused-prismatic-diffracted model）。這一稜柱模式所涉及的範圍極為廣泛，舉凡經濟生活、社會結構、政治符號、權力運

用…等等，都列為「結構功能」的分析要素；同時還以異質性、重疊性、形式主義以及社會變遷等多方面來觀察稜柱社會多彩多姿的行政特質。儘管在理論上仍有一些美中不足，有待進一步努力與商榷的地方，但對於行政及組織行為的瞭解，確已發生了極其廣泛而深遠的影響。以下將根據一般學者對雷氏理論的評價，作一綜合性的歸納。

一、限制與商榷

自1955年，雷格斯的〈農業型態與工業型態二極化行政模型〉一文問世後，學術界對其成就業已側目，及至1961年的《行政生態學》和1964年的《發展中國家的行政》二書出版後，在比較行政研究的領域中，雷格斯的學術地位和名聲令譽，更是無人能出其右者。帕森思（T. Parsons）曾言：「當今研究社會科學者，人人都在批評韋柏（Max Weber）的理論，但是無人能拋開韋柏理論的指涉，獨立而深入地探究社會科學。」同樣的，我們也可說，凡是研究比較行政者，都在評論稜柱模型理論，但是研究比較行政時，又幾乎無人不受雷格斯理論的影響。一般比較行政之書籍，對於雷格斯的理論，批評者甚多，但是大部分並未作具體的建議。茲將其理論的限制面歸納如下：

（一）一般人研讀稜柱模型的理論，常常認為它可以替代實際的經驗性研究。因為經驗性研究往往比較花費時間和金錢，而且吃力不討好；而模式的研究卻省時省力。米勒尼（Milne）曾指出，初學者如果一開始就研讀模式理論的話，那麼將是一件相當危險的事，因為這些人很容易誤認為：只要熟讀一個行政模式理論，就可以推斷所有發展中地區的行政特徵，而不必再直接從事實際的經驗性研究。

（二）稜柱模式理論範圍過分龐大而抽象。雷格斯的結構功能研究，包括了經濟、社會、政治…等大部分的文化因素，而使人無所適從。是

故，許多人主張把這種大型理論化為中程理論(middle-range theory)，並多予實證研究，以縮短理論與經驗之間的距離。比方說，把外屬企業家對政治變遷的影響作為分析的重點，以及將官僚制度的權力再作更細的分類…等等都是很好的實例。

（三）稜柱理論所使用的演繹模型概念，缺乏經驗上的指涉。因為一門完整的學科必須要有可驗性的定義，任何時間地點可以重覆覈驗，進而作客觀的衡量比較。雷格斯本人曾試圖為「形式主義」的程度訂定一個標準，但是並未為人滿意接受。許多學者也曾引用他的模式來研究其他國家的行政制度，其結果也發現困難重重。

（四）稜柱理論演繹模式往往遺漏了一些變數，卻又過分地誇張某些變數。因為，除了前述雷氏所舉之各項文化因素外，其他諸如各國的歷史背景、往昔殖民時期所遺留的政權性質、國家領土大小、官僚權力地位、軍人的角色，以及最重要的人民意識型態…等等，每個國家都有不同的特徵，它們對於行政行為都有深刻的影響，可是雷格斯並未一一詳細討論。

（五）稜柱理論的演繹模式忽略了公共行政的目標，而企圖建立一個價值中性（value neutral）的科學。但是公共行政的研究自威爾遜（W. Wilson）的提倡迄今，始終是以如何促使行政有效地為人民服務作為主要的研究目標，故公共行政不能拋棄價值，極為明顯。

（六）稜柱模式理論，處處欲以經驗事實加以證明，有時反而未能找到充分的相關證據。雷格斯在稜柱理論所提出的解釋並不均衡，其獨具見識之處固然不少，但是有些地方卻仍然流於純邏輯的推論，與「想當然耳」的弊病。比方說，他以形式主義的論點，肯定地認為它是增加稜柱社會行政官僚權力之主要原因，以及以美國社會的背景作為建構繞射社會理論架構的依據，其推理結果也不乏難為一般人完全接受之處。

　　（七）稜柱模式理論大部分是藉著「結構功能研究法」（structural functional approach）逐項分析，可是雷格斯卻將分析重點放在廣泛的社會因素之上，而排斥了其他亦可用來解釋稜柱行政制度的心理和認知方面的因素。此外，雷氏也似乎過分地重視社會系統的有機性與社會統合的性質。

　　（八）雷格斯一再地強調：他之所以利用「鎔合」、「稜柱」、「繞射」模式來替代「傳統」、「過渡」和「現代」等字眼，主要是免於「命定論」的暗示。然而，從他解釋稜柱理論之爲「一個廣大級距的連續體」等概念看來，他並未能揚棄「命定論」的本質，以建立一個價值中性的行政模型理論。何況價值中性之行政模式理論亦爲人所詬病。

　　（九）稜柱模式理論還犯了一個與一般「建構類型」同樣的毛病，亦卽作了不必要的「因果推論」（causal inference）。雖然雷格斯已明白指出，稜柱理論是適用在分析一般社會變遷的實況，但是一個社會的「自變數」與「因變數」都相當複雜難以辨認，勉強地作「因果推論」，必失之於眞。

　　（十）稜柱模式理論中，處處充滿著一般人從未接觸過的專門術語（terminology）和冷僻俚語（jargon）。這些術語，若不耐心地遵循雷格斯所約定的意義去理解，對於稜柱理論的認識，將廢然而退，一無所獲。

　　（十一）稜柱模式理論太拘泥於形式上的完整，而牽強地劃分爲「三分法」。其實有許多社會現象的變遷是「潛在的」、「不固定的」，並在不知不覺間就完成社會的形變。例如冷納（D. Lerner）在〈傳統社會消逝〉一文中所討論的中東社會之變遷，卽是一例。當然，也有些社會是受到強烈外生力量的震撼而急遽轉變的。這些情形若仍然以稜柱理論來分析，必將處處顯得扞格不入。

（十二）雷格斯的稜柱模式理論於分析過渡社會變遷時，顯露了悲觀的論點，他對發展中地區的現代化前途抱著相當懷疑的態度。這可能是因爲雷格斯以西方文化眼光來看非西方的社會變遷之故。其實以西方文化的標準來評論非西方的社會，必有不切實際之弊，也有失之公允之處。

以上的批評，當然並不完全正確，有些是對科學本質的曲解、有些則是由於不同的研究角度所引起。因此，我們不能人云亦云的完全忽視稜柱理論的功用與優點。事實上，稜柱理論提供了我們一個比較的工具，用來認識社會的特徵。假如我們不運用一些有效的工具來認識這個萬花筒般的社會現象，那麼社會科學的進步，將是相當有限的。

二、地位與價值

行政學家赫第 （F. Heady） 曾著文讚揚雷格斯稱：「雷氏見廣識博，立論精深，誠乃當代最具代表性的理論家。」我人亦認爲，「行政發展」的研究，就現階段而言，尚難令人滿意，但是若無雷格斯的大力推展與驚人的創造成果，那麼，行政發展的研究園地可能仍然相當的荒蕪。現階段比較行政研究所獲得的結論，也許還不能充分地運用到實際的行政行爲之上。但是，雷格斯的理論，畢竟給了我們一些嶄新的觀念，同時也提倡了一條正確的研究道路。

雖然，雷格斯的理論，遭到不少批評，但我人仍然堅信，他對於比較行政研究的不懈努力，以期能夠建立一門科學的行政學之精神，無疑地，是當代行政學研究的偉大貢獻。稜柱理論所帶給行政學研究的貢獻是多方面的，爰就論列於后：

（一）稜柱理論是一套生態的研究法

雷格斯力倡行政生態研究法，不僅擴大了行政學研究的領域，而且

將社會視爲一個有機體，同時也彌補了傳統制度研究的不足。經驗告訴我們，假若要對各個不同的行政制度與特質作比較分析研究，無可置疑地，應該擴大研究範圍，從與行政學有關的歷史背景、意識型態、價值觀念、經濟結構、社會型態…等各方面著手分析。因爲，社會制度是成長的，不是移植的。制度是環境的產物，故不同的環境將會產生不同的制度。 在不同的制度下， 假如強行採用固定的方法來研究， 其所得結果，恐將失之眞切。

所謂「生態研究」， 卽是一門研究生命機體與其環境之間關係的學問。引發行政生態研究法的原因很多，最主要的有下列三點：一、受晚近社會科學研究方法的影響；二、受西方世界對發展中地區提供技術援助所得經驗的啟示；以及三、受了社會科學系統理論的刺激。雷格斯的行政生態研究法係完全植基於生態學之基本特性而來。例如， 功能依存關係， 動態平衡關係， 以及適應與結構發展…等等， 都與稜柱理論相應符合。爲解說行政與其他因素之間的各種可能的生態關係，他提供了一套假設。吾人若循此假設，再進一步的透過觀察和驗證，相信對於行政學的動態研究會有深入而具體的結果。依此來看，行政生態學的確提供了一個堅厚的研究基礎，同時可以藉此解釋和預測實際的行政行爲。生態研究可以改正行政病態，而不致於僅僅是一個帶有攻擊性與發掘弊端的工具而已。

（二）稜柱理論是泛科際的研究

雷格斯另一重大的學術貢獻是首先採用「泛科際研究」（pandisciplinary）。 他這種方法論上的創見，主要原因是由於不滿於傳統的單科研究與科際研究。所謂「泛科際研究法」，卽是充分地運用政治學、法律學、人類學、經濟學和心理學…等學科來研究公共行政。雷格斯說：「要對稜柱社會的行政現象作深入研究， 不能僅僅就其 表面情 形來觀

察，而是應該廣泛的觀察其他有相互關係的文化因素，來作綜合的分析研究，因爲稜柱性愈明顯的社會，其行政結構愈是複雜。」過去，有人對於演繹法的研究，斥之以「主觀」與「狹隘」，然而稜柱理論即爲一個依照演繹方法推理而成的理論，卻能摒除「主觀」與「狹隘」的弊病，實得益於這個泛科際的研究法。

（三）稜柱理論是一個能解釋變遷歷程的理論模型

近年來，比較行政的研究，受到社會科學研究方向的影響，乃漸漸著重於文化因素的分析，此正反映了公共行政傳統靜態研究的有限性與缺失。不論是現代化的繞射社會，或過渡的稜柱社會，面對著這個多變的世界都有不知所措的困擾。不錯，社會是一個不斷變遷的均衡體，這種影響變遷的因素，不論是「內生的」或「外發的」都有一個最終目標來指導它，這個最終目標就是「現代化」（modernization）。「現代化」，雷格斯界定爲「較爲發展的社會對較爲落後社會的衝擊而產生的種種變遷過程。」布拉克（C. E. Black）更將「現代化」一詞解釋爲：固有的傳統制度對於蛻變中的功能適應過程。由是觀之，不論是雷氏所強調的「外在衝擊」，抑或是布氏的「內在適應」，他們都有一個共同隱含的意義，那就是如何使社會改善。唯有透過變遷歷程的解釋，此種「社會改善」的目標，方有實現的可能〔彭文賢，73: 67-72; 楊清勇，63: 94-99〕。

三、改進之道

針對以上的缺失，行政生態研究法的未來發展，似應著重於以下幾個面向的充實與發展：

（一）在使用生態研究法於行政之研究時，不能陷於決定主義（determinism）的謬誤，誤認環境條件能夠決定行政行爲到

一種無可選擇的地步。雷格斯曾經強調此種非決定的生態觀
點，他說：「在敍述環境對某主體的影響時，應同時指出主
體對環境的影響，惟有把兩方面的交互作用都察看明白，才
算眞正建立了生態的模式。」

（二）生態研究法雖然幫助解釋何者存在、現存制度是如何演變，
以及其在特殊環境如何發生功能；但是卻忽略了行政研究的
最終價值與內涵，此即對政策價值及實際達成目標之行動的
關心。爲此，比較行政學者伊士曼（Milton J. Esman）特
別提醒行政研究者應該「除了這些研究之外，能多注意到另
一些對公共行政的實質或目標有直接關係的研究，諸如工業
發展、教育、公共衞生、人事行政或財經政策方面的各種事
務。 生態研究， 固然可以提醒大家注意行動方面的一些限
制，但它尚須證明對解決實際行動問題，同樣有所助益。」

（三）許多以生態研究法而建立的行政模型都是基於直覺的和先驗
的假設（intuitive and a prior assumptions），因此在發
展成爲一種解釋性的理論時，便受到嚴重缺乏經驗基礎的阻
礙。有鑑於此，佛瓦德 （John Forward） 便提出以數量統
計分析生態因素之相關性的方法，來幫助建立具有經驗架構
的生態模型。

最後，我們願意引用雷格斯教授的一段話來說明行政生態研究法的
眞義， 以爲本章的結束， 他說： 「只列舉環境因素絕非一種生態研究
法。行政生態研究法所需要的，以及促使一項研究成爲生態的，乃在於
環境之敏感變數的指認（identification of sensitive variables），以及
這些變數與行政事項 （administrative items） 間之 『似眞相關模式』
（plausible patterns of correlation） 的示證 （demonstration）。」

參 考 書 目

朱岑樓:　〈區位學〉，載於《聯合報》第二版，民國60年6月5日。

江炳倫:　〈比較行政研究的新趨勢〉，載於《政治學論叢》，民國62年
　　　　作者自行出版，101-110頁。

吳復新:　〈公共行政生態研究法〉，《中國人事行政月刊》，第6卷第
　　　　7、8期，民國61年7月，9-18頁。

沈莒達:　〈生態途徑在行政學中的應用〉，《東吳政治學報》第9期，
　　　　民國74年12月，44-45頁。

金耀基譯，Fred Riggs 原著:　《行政生態學》，臺灣商務書局，民國
　　　　56年10月初版。

姜占魁:　〈淺說行政生態學〉，《中央月刊叢書·淺說現代社會科學》，
　　　　民國67年6月再版，337-352頁。

龍冠海主編:　《社會學研究法》，臺北廣文書局，民國60年初版。

彭文賢:　〈稜柱型模〉，《華視空校函授週刊》25期，民國71年5月，
　　　　49-51頁。

彭文賢:　〈農業型態與工業型態的兩極化行政模式〉，《華視空校函授
　　　　週刊》309期，民國73年4月，47-51頁。

彭文賢:　〈稜稜理論的評價〉，《華視空校函授週刊》317期，民國73
　　　　年6月，67-72頁。

楊清勇:　〈發展中地區行政的模型〉，政大公共行政研究所碩士論文，
民國63年6月。

Braudy, James R., "Japanese Administrative Behavior and the
'Sala Model'," *Philippine Journal of Public Administration*,

Vol. 8, October 1964.

Buechner, John C. and Eugene J. Koprowski, *Public Administration*, California: Dickenson Publishing Company, 1976.

Caiden, Gerald E. , *The Dynamic of Public Administration*, New York: Rinehart & Winston Inc. , 1976.

Heady, Ferrel, *Public Administration: A Comparative Perspective*, Englewood Cliffs, New Jersey: Prentice-Hall, Inc. , 1979.

Riggs, Fred W. , *The Ecology of Public Administration*, New Delhi: Asia Publishing House 1961.

————, "Trends in the Comparative Study of Public Administration," *International Review of Administrative Science* 28, No. 1, 1962.

————, *Administration in Developing Countries: The Theory of Prismatic Society*, Boston: Houghton Mufflin Company, 1964.

————, *The Ecology of Development, CAG Occasional Papers*, September 1964.

————, *Prismatic Society Revisited*, Morriston, New Jersey: General Learning Press, 1973.

————, "The Ecology of Administrative Development," paper prepared for *The International Conference on the Future of Public Administration*, May 27-31, 1979.

Sutton, F. X. , "Social Theory and Comparative Politics," in H. Eckstein & D. Apter(eds.), *Comparative Politics*, New York: Free press, 1963.

第二章　行政生態的剖析

　　行政制度和它生態環境間具有交互行為、交互影響、和交互依賴的關係。因此我們要想了解一個行政制度中的行政行為起見，僅靠研究行政上的典章制度、組織結構，以及一切人事制度等，已嫌不足。換言之，我們不能將行政制度視為獨立於客觀環境之外的一個機械存在的個體而加以分析，非著手瞭解生態環境不可。

　　但是生態環境是非常複雜的，要想對生態環境有一個整體的瞭解，絕非易事，僅靠著某一種學術上的素養是不成的，非具有各種社會科學訓練的學者彼此密切合作不可。故科際間的合作，為當代社會科學研究活動的一大特色。

　　不過，行政制度和它生態環境間之交互行為、交互影響和交互依賴的關係，並不是和生態環境的整體發生關係，而只是和其中某些因素發生互動而已。所以，為了研究行政行為而必須瞭解生態環境時，首須從生態環境中選擇與行政行為有密切關係的因素，而後再探討其間的互動關係。

第一節　生態要素

　　行政的生態環境，簡單的說，就是指著某一行政體系所存在之整個社會系統 (general social system) 中，所呈現的一切行爲型態與價值觀念。但因所謂的社會系統，實際上又包含了許多其他的制度，因此，我們將認爲凡是在社會內除行政制度外而與行政發生相互關係的制度，都是行政制度的環境。在此一定義下，則環境的因素必然甚多，而有無法加以界定 (define) 的危險。但是無論如何，在這許多環境因素中，一定有許多影響較大的或較重要的，有較不重要的或影響較小的。例如，雷格斯在討論美國的行政與其環境的關係時，也只抽離了五個影響行政的因素，亦卽經濟因素、社會因素、溝通網 (communication network)、符號系統 (symbol system) 和政治架構 (political framework)。根據雷格斯的意見，生態環境中的因素，按其與行政行爲密切關係重要性的大小，可分爲無感覺因素 (insensitive variables) 和敏感因素 (sensitive variables) 兩種。所謂無感覺因素，乃指其與行政行爲無多大關係的因素。所以當我們在研究行政行爲，取捨生態環境的因素時，可以不必考慮這類的因素。至於敏感因素，乃指與行政行爲具有直接交互行爲、交互影響和交互依賴關係的因素而言，這在研究行政行爲時非加以分析和研究不可。

　　同時，敏感因素旣然與行政行爲有密切的關係，按兩者之間交互影響的賓主之分，又可分成獨立因素 (independent variables) 和依變因素 (dependent variables)。前者亦稱「策略因素」(strategic variables)，後者亦稱「臨變因素」(critical variables)。

　　所謂獨立因素，乃指其與行政行爲的關係中保有主勢的地位。換言之，卽其對行政行爲的影響具有獨立性，也就是說，它只影響行政行爲，但不接受行政行爲的影響。至於依變因素，則實從其反。例如，甲如果有所改變，乙也必隨著改變，反之則否。在這種情形下甲是獨立因

素，乙是依變因素。假若我們研究行政行為的重點，是以了解行政行為的本身為主，那麼我們當以選擇獨立因素為前提，藉以了解其對行政行為影響的一般情況。假若我們研究的重點是以行政行為所產生的影響為主時，那麼我們就必須從生態環境中去尋找依變因素了。

　　還有一種因素，稱為相互因素。所謂相互因素者，乃指其與行政行為間發生了交替相互影響的關係，彼此無賓主之分。這種因素，對於我們研究和了解行政行為亦甚重要，故在研究行政行為時，也不能忽略〔Riggs, 1961: 165-166〕。

　　比較行政學者赫第 (Ferrel Heady) 教授則認為，我們可以把官僚治體的環境視為一系列以官僚治體為中心的同心圓。最小的圓圈對官僚治體具有最大的影響力，而圓圈較大的其影響力則依次漸弱。他認為最大的圓圈代表社會的一切或一般的社會體系 (the general social system)，次一圓圈代表經濟體系或社會體系的經濟面。而最內圈則為政治體系，政治體系包圍著行政次級體系，而官僚治體則只是行政次級體系的一個元素 (element)〔Heady, 1979: 24〕。我們認為赫第教授的這種分法太武斷，不能適當說明行政與環境的真正關係，因為並非政治體系的所有元素對行政的影響都比其他體系的任何元素對行政的影響來得大。況且，有時其他體系的元素乃是混雜在政治體系的元素中而對行政發生影響的。因此，本文在討論行政環境對行政的影響時，將不採取赫第教授的這種觀點，亦即不認為這些因素（指政治、經濟、社會等體系）具有顯著不同的影響力。何況事實上，影響力的大小是很難加以衡量的。(在使用因素 (factor) 與元素 (element) 這兩個名詞時，我是把元素置於因素之下的，亦即元素被包含於因素之中)。至於雷格斯的分類方法，在研究上也存在著先天上的困難，蓋因所謂「無感覺因素」與「敏感因素」，實係兩個相對的名詞和概念而已，在區辨上相當不易；

而「獨立因素」與「依變因素」二者，也常在「互換」的情形下而變得主從難分。環境固然會影響並塑造行政的特質，但行政的特質何嘗又不會反過頭來改造環境的既存現象。既然二者之間都有變成「獨立因素」和「依變因素」的可能，因此，此種獨立與依變因素的分法，充其量只是一種理論上的假設而已，不過是實然中的一項模糊概念罷了。因此本文將把生態環境因素分為(1)政治因素，(2)經濟因素，(3)社會因素和(4)文化因素。而在各種因素中再析分幾個元素，然後儘可能地以環境與行政兩者所發生的種種生態關係來透視這些元素與官僚治體以及官僚成員的關係。

一、政治因素

政治因素是指一個社會內之政治架構及政治過程 (political processes) 所將影響於行政的因素。政治因素最主要的元素有: (1) 非官僚權力 (non-bureaucratic power)；(2)政治情勢 (political situation) 和(3)政治傳統 (political tradition)。 非官僚權力是指官僚治體以外的各種組織所具有足以影響行政的力量，最主要者有國會、政黨、利益團體（或稱壓力團體）以及軍隊。至於政治情勢則指國內外的一般政治所涵蓋範圍較廣的現象，包括人民對政治的態度、取向，以及官僚成員在政治中所享有的威望和國民的政治意識型態 (political ideology) 等。

關於政治與行政的互動中，「支持」與「控制」該是非官僚權力對官僚治體所做之「投入」中最重要的二種。「支持」是指官僚治體得自非官僚權力的信任與合作。當這種「支持」繼續時，官僚治體與非官僚權力保持一種動態的平衡，這就是說，官僚治體能夠從非官僚權力得到可用的投入而運作，同時非官僚權力對於官僚治體的產出（行政績效）亦感到滿足而願意繼續提供「支持」。當「支持」中斷時，官僚治體與

非官僚權力的動態平衡關係便立即破壞，例如，政府的內閣得不到國會的信任，或者政府遭受到各種政黨的嚴厲批評與不合作而產生倒閣。在這種情況下，官僚治體必須做各種「修正」，才能重新獲得必要的支持而恢復上述的動態平衡關係。「控制」是指非官僚權力監督官僚治體依法運作的力量。非官僚權力對官僚治體控制的大小與官僚治體的成績表現（performance）（此即「產出」）有必然的關係。就是說，當非官僚權力足以控制官僚治體時，則後者必然會忠實地實現政治的目標，因而有令人滿意的「行政產出」。反之，當非官僚權力很弱而無法控制官僚治體時，後者便容易自顧私利而忽略政策的忠實達成。這樣官僚治體的行政產出便自然大大地減少。因此，要使官僚治體有很高的行政產出，則必須增加非官僚權力的控制力，這實在是行政改革的一個要徑〔Riggs, 1961: 263〕。　再從政治情勢看，國際局勢的變化亦足以產生對官僚治體的刺激力。例如，當國際政治情勢對某一國家不利時，則國家內部的官僚治體必然會有所警覺而力求振作與革新，以提高行政效率、贏得國民的支持而增強國力、鞏固政權。又如殖民地獲得獨立時所產生的政治新形勢，以及人民對政府之逐漸增高的要求，這些都是促使官僚治體發展的重要因素。至於政治傳統則指影響官僚成員行為的各種文化與價值。例如，中國的政治傳統一向視官僚成員為一高人一等的「統治者」，因而養成官僚成員一種自命不凡、氣指頤使的所謂「官僚作風」而影響了行政行為與行政效率〔吳復新，62: 12〕。

二、經濟因素

經濟因素是指社會的經濟活動方式及經濟力量。經濟活動方式即經濟制度，例如已開發國家中均有一個市場化的經濟制度，而過渡社會則雖有一個形式的市場化經濟制度，但是傳統的經濟制度（如雷格斯所指

的「市集——食品店」模型（"bazaar-canteen" model）卻仍普遍地流行。至於經濟力量則指社會整體所具備的經濟能力，例如資源、人力及財力等，經濟力量對行政具有重大的影響。

以美國爲例，在市場裏，一切貨物都是可售的（salesable），汽車可售，人力也可售。從而，我們可以說工廠工人的工資卽是他的「勞力」的售價，同理，公務員的「薪俸」也可被視爲是他的「勞力」（勞心或勞力）的售價。人事行政裏所謂「同工同酬」（equal pay for equal work）的說法由此產生，當然絕對做到同工同酬是不可能的。但是雷格斯強調美國公共行政的基石是「市場取向」（market-orientation）的運作原則。

在市場的自由競爭裏，「選擇的自由」（freedom of choice）是永遠被重視的，在市場裏，一個人對於任何貿易可以隨心所願地決定買或者不買，可以任一己之意今天在甲店買，明天在乙店買。顧客揀取價廉物美的東西，是天經地義的事。這一精神也移入到人事行政裏去，一個人，他可以出賣「服務」（service）以換取優位，如他發現有更好的機會，他可立刻掛冠他去；同理，在政府方面，如發現公務員的「服務」價值不及他的「薪俸」，便可予以解僱。政府用人，皆憑考試以網羅人才，至於社會、家庭、學校及種族的背景皆非所問。政府職位不被視爲是一種「身份」（status）或權力，而被視爲一種責任，或大機器中的一顆螺絲釘，如這顆螺絲釘不能發生功效，便應換掉。當然在實際上並不如此的「非人性化」（dehumanized），譬如在機關裏，「忠誠」（loyalty）的觀念，任期或「安全」（tenure, security）的原則都足以限制公務關係的「市場化」，行政中「永業服務」（career service）的觀念，除指「專業主義」（professionalism）之外，實又包含了保護主義（protectionalism）的精神在內。但無論如何，公共行政裏都重視「適

才適所」（the best man for the job）的原則。

　　還有，在市場經濟裏，「訂約權」（right of contract）是重要的一個支柱，亦卽訂約雙方都可憑自由意志訂約，又可依規定而解約；此一「契約原則」同樣適用到政府裏去；在工廠裏是雇主與受雇人間的關係；在公共行政裏，卽是政府與公務員間的關係，當訂約一方對於另一方的行爲感到不滿時，契約便可終止。當然，此一自由訂約的原則，也非沒有例外，譬如軍隊之徵兵是。基於這種「契約取向」（contract-oriented）的心理，一個人就可以自由地選擇他自己的工作。譬如一個向來鼓吹福特汽車的優越性的售貨員，他可以在一夜之間，轉向雪佛萊公司，把雪佛萊汽車說作天下無雙。此在公務員亦常可由甲機構轉到乙機構，從而，他對甲機構的「忠誠」也可隨而轉對乙機構，並且有時還可從政府機關轉向私人公司，儘管各個機構或組織的目的不同，並且互相衝突，但他們都可安之若素。我們知道，在一些傳統的社會裏，這種忠誠關係是被視爲永久性的，若是不能「從一而終」，而「見異思遷」，便會被指爲人格上的缺陷，但在美國，則是市場制度的「必需條件」（necessary condition），它是行政結構中主要的特質。

　　市場原理，不止適用到人事行政去，也還適用到財務行政上去，在預算制度中，「績效預算制」便是受到市場系統的影響。我們若進一步仔細分析，便可發現：美國公共行政的任何一個領域都爲「市場取向」所塑造。諸如計畫、溝通、公共關係、管理等莫不與市場制度中的情形相類，我們根本可以把美國的行政官署看作是一種「市場」，在這「市場」裏，每個官吏卽在以最經濟有效的方法，以完成特定目標最大程度之實現。粗率的講，行政官署就是「經濟市場」的一個「相對物」（counterpart）。二者皆是「功利的」、「理性的」，亦皆是經濟有效的〔金耀基，61:5〕。

三、社會因素

社會因素，乃指社會中的各種社會結構，諸如家庭、宗教派別、各種會社（associations），以及各種社會階級等。在此，我們只抽出幾個最重要的元素加以討論，亦即：(1)家庭或家族、(2)會社和(3)社會階級。家族是指官僚成員由於家庭、婚姻等關係所形成的一種特殊團體，這種團體在「棱柱社會」（prismatic society）中對行政的影響甚為顯著（有關的討論見後）。會社是指個人在參加正式組織（即為生活而必須參與的工作組織，如工人之於工廠，店員之於公司等）外所參與的其他組織。會社在行政中所扮演的角色以在現代化的國家內最為突出（見後）。至於社會階級則指一個社會中，任何一羣人，由於他們享有同樣的聲望、財富、權力、教育或技術（skill）等特徵，而加諸於行政上的影響。

就動態的組織環境（dynamic organizational environment）而言，社會的影響力量，諸如人口的量與質、國民所得（per capital income）、國民嗜尚、社會風氣、文化水平、教育設施、種族狀況、就業情形、所得分配、人民生活水準、社會結構，以及性別年齡的分配等，全須予以妥善而慎密的考慮。蓋因組織行為的進行，無不密切依賴於這些社會因素，而訂定其政策和辦法。儒家所謂「民之所好、好之，所惡、勿施爾也」，也無非是重視社會的實際環境而已。西漢承黃老無為之風尚，相習成風，而王莽法令繁苛，且每朝令而夕改，其改造社會之理想固不無可取之處，然以其違反社會風習，卒至敗喪（參《漢書‧王莽傳》）；王荊公憂國憂時，急求近功，值「守成」之際，而欲行「開創」之業，其理想高而辦法亦無不佳，第所用非人，且操之過急，故反抗之力量極大，亦終告失敗（參《宋史‧王安石傳》）；清末政風窳敗，內憂外患

頻仍，喪權辱國，民情憤激，故洪、楊舉事，而發展迅速，然而崇信洋習（徒為皮毛，迷信之程度深，且多荒唐之舉），違反我國傳統之風俗教化，故深遭知識份子之反抗，遂為中才的曾國藩所滅（太平天國之亡，原因固多，而此為主要的一點）。曾氏唯以維護禮教為號召，故一時士大夫羣起以響應之（參《清史稿・曾國藩傳》），非盡厚愛於腐敗之清廷也。袁世凱盜國稱帝，大違當時民主革新之眾望，卒至眾叛親離，憂憤而斃。如此觀之，則社會環境之考慮，實不容忽視。

四、文化因素

文化因素乃指存在於社會中之各種價值觀念，形成這些觀念的歷史背景，以及此一社會的教育制度。價值觀念是個人在社會中成長，接受社會化（socialization）後所習得的一些對人對事的看法，價值觀念在個人決策時影響很大。歷史背景是指整個社會的傳統，它對塑造社會的價值觀念和規範（norms）具有重大的決定力。至於教育制度則是培養官僚成員的必備「工具」，因此，教育制度對官僚成員的行為自然有所影響。

價值觀念或意念一語，若進一步探究之，即為哲學。如飛爾利（Alun C. Filley）與浩司（Rober J. Hoase）所云：哲學之為物，乃對基本價值（或目標）之審慎選抉，一旦抉擇既定，則手段和直接目標之限制，即悉以此基本價值為準則。如果說環境決定組織行為，倒不如說是意念決定了行為。

價值常超乎信仰之上，若一旦內化了之後，則深藏於個人的人格（personality）與人性（human nature）之中，確能使個人將其目標、行動、生活方式等，置基於根深蒂固的基石上，對一切外來的刺激之反應與行止方策之選抉，一以其所接受的價值，作為取捨與去就的準繩。

就個人言，從歷史的史實中，不難看出一些傑出的人物，爲了達成其理想，每對其所處的組織環境，多所修正而擴展其創造性的建設，然其衝力（aspiration）卻來自其意念。

目前行政學說的演化階段，乃是由行爲科學的主流演進至影響力領導的觀點。價值之爲物，又重新受到學術界的重視，一般學者都將價值看成爲一種涵涉「慣例」或「標準」的意義，認爲所有系列性的活動，均是經由價值塑造後的產物。蓋因價值一旦內化（internalized）了之後，足以促使任何人從其行爲中，決定其獲取報酬或受罰的程度。

行政文化乃指特定國家中行政官僚們的意識建構、思考方式、價值觀、態度，與一般人民對行政的整體價值意識。其具有一般文化的次文化性質，故行政文化依屬於一般文化，並隨著一般文化而改變。因此，一般文化形成一種環境勢力，決定並構成行政文化的內容與角色。然而無法否認地，行政文化具有與一般文化不同且獨特（unique）的層面，因其僅僅指涉官僚世界中的文化。例如，官僚們的特權意識、優越意識、行政指導的必須性、循例主義、行政處理的僵硬性等等，均爲行政文化的特殊內涵。這種行政文化和一般文化的差別，雖然明顯的存在於各個國家之中，然而就不同國家的行政文化加以比較時，便會發現行政文化實無法脫屬於一般文化。行政文化的概念，可相當程度的反映出行政的實際狀況。

第二節　生態關係

在前章論及生態學的基本特性時，即曾指出生態學主要就是要研究生命機體和其環境間的關係。而此種生態關係，主要是指功能依存關係（relationship of functional interdependence）和動態平衡關係（

relationship of dynamic equilibrium) 兩種。 在列舉了各種生態因素之後，將再根據這兩種關係，分別闡述各種生態因素與行政行為間的互動互賴關係。

一、行政與政治

一般都認為行政乃是執行政策的工具，而政治則是決定政策者；就此意義而言， 行政與政治便立於一種功能依存的關係。 申言之， 行政靠政治的領導，而政治則靠行政以實現其目標。政治領導的正確與否或行政受不受政治的支持，這兩者都對行政成效的高低發生重大的影響。反過來看， 行政制度的有效與否亦為決定政治目標能否圓滿達成的關鍵。簡言之，行政與政治乃是擔負兩種不同功能的體系，而這兩種功能卻又是相互依存的。

再就動態的平衡關係來看，公共行政的一些技術性工作，雖然可能不帶有政治的意味，但就整個行政工作的性質以及所有行政工作人員的利益講，行政與政治的關係，其實是十分親密的。我們可以分為幾個層次來討論:

第一、從整體講，一國政府的行政制度及其作業風格，決不可能與其政治實況截然劃分。前述生態研究觀點，就已經蘊含這點認識。我們曉得，君主專制國家的行政制度，極權獨裁國家的行政制度，民主憲政國家的行政制度，都具有明顯獨特的風格。國家發展程度不同，也往往反映在其行政措施上。因此， 談行政而不先瞭解其政治背景，必然是劃地自囿， 坐井觀天，弄不清楚行政的眞象。

第二、從政策的制訂看，雖然理論上政策應反映人民的公意，應由國會或政務官決定，不過事實上，在政策制訂過程的每一個階段上，各級行政人員都扮演著重大的角色且具有不可輕視的影響力量。制訂政策

之前必須先搜集各種有關資料: 人民的眞正意願和需求是甚麼? 問題的癥結在那裏? 不同的解決途徑利弊如何? 怎樣徵取必須資源? 回答這些問題的原始資料,不但要靠行政人員去搜集,而且常須靠他們分析解釋。尤其是目前社會結構愈趨複雜,專業性的分工愈趨精密,政策決定已變成一種很專門的技術時,更不能不借助行政專家的輔助設計。盱衡今天民主國家的法案,十之八九都是行政部門所提出的,國會最多略爲修正而已,就可明白行政部門在政策制訂中所居的重要地位了。

進一步言,政策的制訂與執行乃是環環銜接,事實上難以截斷。目標的選擇不能不顧及執行方法,手段的運用也不能與目標脫節。而且每一個總政策目標,必須分層分段執行;上層決策者不可能把每一項工作細節都先加以硬性規定。他必須分層授權,俾各階層工作人員都能因地因時制宜,有自由裁量的餘地。古立克 (Gulick) 說: 「就是一個最基層的職員,只要他享有自由裁量權,便具有決策的功能。公務員的執行工作乃是許多無痕跡的自由裁量的交織品。」

第三、純從政策執行的角度看,事務人員的主觀認識和態度仍可大大影響政策執行的情狀和後果。倘若他們贊成某項政策,必然會很熱心地設計各種辦法使之容易執行。相反地,他們便抱著消極冷漠的態度,或甚至暗中加以阻梗刁難。他們對政策的意義有無深切的瞭解? 對各種客觀條件的判斷是否正確? 對新技術的引進是否誠意接受? 這些行政上的問題,都會直接地或間接地影響到政策執行的後果。簡言之,行政人員並不是中性的執行任務的工具, 相反地, 他們常在政策執行的過程中,摻入自己的喜惡與價值成分,因而大大影響政策的本質。我們查看許多國家的公務員訓練課程,往往是政治的和行政的成分參半,同時又常加入許多屬於價值灌輸和精神訓話之類的東西,其原因就是在此。

第四、行政人員有自己的利益,時刻企求在其公務工作的縫隙中得

到滿足，是個不爭的事實；但其對整個官僚治體的結構成長和功能作業的重大關係，最近才被加以重視。杜因斯（Anthony Downs）著名的《官僚治體內幕》一書，便是從這個觀點來寫的。公務員進入政府機關服務，很少祇是為著按月支薪，貪圖物質的報酬。他們有自己的理想，認為從事某種工作符合其興趣，可以發揮其專長，同時具有政治和社會的意義。他們也多少具有權力慾望，總是希望往行政階層的頂端爬，以提高自己的地位和影響力。 因此， 行政人員在執行政策時， 除了考慮命令的合法性及其對整個組織的影響之外，難免也要考慮自己的利害關係。當一位機關首長，拼命向上級或議會爭取更大的預算和更多的職位時， 他會提出一大篇堂皇的理由， 全是基於工作的迫切需要。 但天曉得，他多少也是企圖擴大自己的管轄領域和工作範圍，以提昇自己的聲望和權力。 而他的此種企圖是否能够如願以償， 大半是政治活動的結果，很少是基於純粹行政因素的考慮。簡言之，整個行政機關，對外對內，對上對下，以及在各平行階層之間，莫不皆籠罩在濃厚的政治氣氛之中，在較量各自的政治勢力，同時還須仰賴政治藝術來解決彼此間利益的衝突。

推至極端，倘若整個行政部門名義上雖然是在國會的監督之下，事實上卻如脫韁之馬，恣睢攬權，為所欲為，不必向任何人或任何機構負實質的責任，則將變成雷格斯所說的「官僚政治」(bureaucratic politics)了。 我們可以 1973 年革命前的泰國軍人政府為例。 達味．威爾遜（David Wilson）描述當時的情況說：

> 統治朋黨以迅雷不及掩耳的政變佔據權力的中心以後，就利用這些地位來建立和鞏固其政權。朋黨的組成份子即是官僚自己…他們主要地是軍人，但也多少包括其他機構的人士。一個人一旦當了部長，他立刻擁有該職位的權力，並且依據傳統習慣，可以獲

得部下的恭維、尊敬和服從。依照傳統，他也有照顧部下福利的
義務…他所掌理的部，因此成為他的組成區（constituency 原意
選區），由他在內閣中代表之。他替本部爭取預算，保護本部的
職員。在此方面，他成功的程度，要看他在整個內閣中的地位而
定。不用說，他所能做到的極限，也只是與其他部長同僚之間的
一個妥協而已。

如此說來，政治與行政已經完全混為一體。政治權力的獲得，乃是
以先奪取政府行政職位為依據；行政工作的推行，要靠高級官僚相互妥
協的結果以為斷。而無論稱它為政治也好，為行政也好，皆無非是為著
保障官僚治體之內一小撮人的既得利益而已〔江炳倫，64: 3-4〕。

二、行政與經濟

行政與經濟的關係和行政與政治的關係略似，同樣是兩種擔負不同
功能的體系。經濟體系提供行政的發展力量，而行政體系則給予經濟活
動若干必要的協助與方便。例如，一個社會之經濟活動的政策即往往由
行政部門所研訂，經濟活動接受行政的指導與控制，而行政亦有賴經濟
提供所須的財力與資源。行政與經濟的這種功能依存關係，在開發中國
家的「經濟發展」上表現得尤其顯著。委內瑞拉學者蘇偉格（Lorand
Dabasi-Schweag）指出：一個落伍的公共行政固然對於經濟發展是一項
阻礙，可是一個過於前進的公共行政對於經濟發展亦非是福，它非但不
會促進經濟發展反而會危害經濟發展。

經濟制度對行政的影響，主要表現於行政的性格與人才的流動兩方
面。例如，雷格斯在討論美國的行政與經濟的關係時，就認為現代化國
家的市場化經濟制度對行政發生了以下兩種重要的影響：第一、影響了
公共行政的本質，即視行政服務為一種可售的貨物，行政產出是可以用

價格來決定其價值的，官僚成員的報酬即爲其勞力的售價。第二、影響官僚成員的行爲，他們視其服務爲一種商業行爲，亦卽他們只是在出賣服務以獲利益。因此，他們對官僚組織具有完全的自由，卽是說，只要別處有更好的待遇，則他們可以隨時求去。這種人力的商業觀造成了官僚組織與其他經濟組織人才的流動，這是指，當社會的經濟仍不甚發達時，官僚組織爲人力市場中的最大雇主，因而能擁有大量的優秀人才；而當經濟逐漸發達後，官僚組織的人才便開始有「外流」的傾向，終至形成一種動態的消長形勢。

就稜柱社會的經濟制度（這就是雷格斯所稱的「市集——食品店」模型），其特徵爲：「價格未決」（price indeterminacy）、「價值的凝聚」（agglomeration of values）、「絕緣於秀異分子」（intrusive access to the elite）和「外屬的企業精神」（pariah entrepreneurship）〔Riggs, 1961: 121〕，其「價格未決」的特點便深深地影響到行政，這是指行政服務的價格因人而異。由於這種價格的未定性，使得官僚成員有上下其手的機會，而造成了行政上的貪污現象。

再從經濟力量看，一個官僚治體所獲之經濟力量支持的大小，往往與行政的效能和發展具有密切的關係。舉例言之，行政機關要從事某種行政的改革或者實施某一規模龐大的行政計畫，這些都需要經濟力量的支持；若無充裕的財力，則無論行政計畫如何完善，最後必成空談。反過來看，行政制度的健全、有效與否亦常是決定經濟發展的一個關鍵性要素。因爲，行政機關所提供的設施與服務乃是經濟活動所必要的。例如，行政機關對法令規章的制定與執行、以及官僚成員的效率等，都直接影響經濟的活動。總之，公共行政在經濟發展上乃是一個不可忽視的重要因素〔吳復新，前文: 13〕。

三、行政與社會

社會對於行政的影響，主要是集中在家庭和會社之上。家庭提供了行政體系中的官僚成員；會社則擔任公益和公意的傳達，而行政亦利用會社做各種政令的宣傳與意見的溝通等。此外，行政也實現會社所要求的某些目標。雷格斯在論到美國的行政與會社的關係時，曾說：「美國的會社模式提供了一特殊有力的『聚匯』（aggregation）與『表達』（articulation）特殊利益的方法，所以，它是一個使官僚組織對人民負責的重要機關（mechanism）。從一廣闊的觀點說，會社模式是任何發展的工業社會（不論是自由的或管制的）所不可或缺的，因為它提供了一個方法（應該可以說是功能），保證政府對社會各種利益團體不能忽視而必須予以回應（respond），並且也保證人民對政府的政策與計畫不會冷漠，而願意協助合作，以維持一工業經濟的平衡與發展。」

再就動態的均衡關係來看，正如本書第四章所要說明的，家族對行政構成影響最顯著的，乃是稜柱社會。其主要結果是造成行政上的「裙帶主義」（nepotism）。所謂裙帶主義是指在選用（recruit）官僚成員時，對於官僚成員所重視的乃是其個人的家庭背景而不問其能力。這種現象使得官僚成員的行政行為受制於家族而不受制於其所屬的官僚組織。另外，稜柱社會的多社區性（poly-communalism）亦造成了各種「稜柱團體」（clect），而稜柱團體則造成了行政上的結黨營私和貪污舞弊。clect 是雷格斯用來稱呼稜柱社會中的會社所創的新詞，目的是要與現代化社會中的 association 有所區別。所謂 clect 是指一種以現代化的和會社式的（associational）方式為組織方法而形成的半傳統式的且具有相當普化功能（diffuse function）的組織。社會階級對行政的影響，主要是造成了行政的封閉性。這是說，由於官僚組織為社會的某一階級

所壟斷，致使其他階級的人便很難進入這個行政之門，因而造成了行政的封閉性。例如，以前中國的官僚組織全爲讀書人所把持，所以其他階級的人便很難成爲官僚組織的一員。

四、行政與文化

從一個比較廣闊的觀點看，行政乃是文化的產物。有什麼樣的文化傳統便常會產生那樣的行政。例如，在一個民主的社會裏，我們便很難發現一種反民主的行政，這就是文化對行政具有一種「塑造」的功能；這種功能我們如果從教育與行政的關係來加以觀察，則一定更能明瞭。教育是培養與造就行政人才的必要手段，因此，教育制度便直接對行政發生影響。以英美爲例，我們知道，英國的教育制度是一種通才教育，因而它所培養出來的便是一些行政的通才 (administrative generalist)；反之，美國的教育制度是一種專才教育，因此，它所造就出來的也就是一些具有專門技術的專才 (specialist)。

文化因素所影響於行政者，主要在於官僚成員的行爲上。例如，價值觀念對於官僚成員的決策行爲上便有極大的影響。再如美國人對於平等的觀念、對於守法、守紀律的觀念，以及對於專業訓練、能力與成就的信仰等都直接間接影響了行政行爲，例如「先來先服務」(first come, first served) 的觀念就是植根於其平等的觀念。至於教育制度對行政的影響，名行政學者普里西斯 (Robert V. Presthus) 在研究中東的行政問題時，曾明白指出：「總之，此種主要的教育哲學貶低了實用訓練 (practical training) 的價值而構成了官僚治體之演化的一個障礙。中東的青年寧願成爲一個白領階級而不願成爲一個藍領工人。此種不當的價值觀念對於技術和經濟發展立刻產生了影響，因爲這樣一來便難以獲得所需的大量純熟的技術人員。在大學裏，統計和研究方法的科目遭

到了反對，因為這些科目削減了現存理論的和主觀之求知觀念的價值。這種信仰否定了現代的官僚組織對於精確、 專業化以及科學方法的需求。」

關於文化背景與行政的關係，美國政治學者戴爾 (R. A. Dahl) 也曾有過論述，他在一篇著名的論文中就曾以英國文官制度中之行政級 (administrative class) 是否能夠移植到美國來的問題為例， 強調行政與文化背景之關係的重要。他認為英國這種以能力 (merit) 為基礎的行政級的形成依賴四種條件，而這四種先決條件 (prerequisite) 在十九世紀中葉都恰巧全部出現於英國，而美國則一項也沒有。這四種條件是: (1)在政治上對於層級觀念 (hierarchical idea) 的普遍接受，這種接受在英國不只是四十年的結果而是四個世紀的結果。 (2) 培養非專才 (nonspecialist) 的教育制度以及選拔這種非專才的選任甄用制度。(3)接受「能力乃是選拔的唯一標準」的觀念。(4) 承認這個團體 (指行政階級) 擁有一種秀異分子的威望。因此在結論中曾鏗然有聲的認為: 英國文官中的行政級制度，並不適於美國社會的需求。

總之，對環境之重視，並肯定其為人格之塑造與人性之陶鑄的主要依據，實為追求進步、改善人類幸福之必要條件。自來政治學者、行政學者、經濟學者只言及良好組織氣候(organizational climate)之建立，藉以提高工作效率、生產力 (productivity)， 以及合作精神為已足，而罕言及環境與行政彼此密切相關之連鎖關係。事實上，如以上所討論，組織的本身固與其所生存之環境，有相互依存的密切關係，而且目標之所以建立、政策之所以制訂和方法之所以採取，亦莫不悉以其所圍繞之環境為轉移，質之史實，確證纍夥。

官僚組織為適應外在環境的各種變遷與需求 ， 勢必在內部有所發展。例如，為了適應政治和經濟的發展，官僚組織必在內部作各種改革

與發展的努力，以強化行政功能，健全機關組織，並推行專業化。又如為應付因人口激增而增加的事務，則必擴大組織，提高行政效率。再如，為了符合人民對人事選任甄用的公平要求，則必須研訂一套公平、公開的考選制度，且以成績與能力為選用人才的標準。環境不斷變遷所引起對官僚組織的刺激，官僚組織必須予以適當的回應，這種回應的需要就是促進官僚組織內部不斷發展的動力。

　　以上就是依據生態研究法對行政生態所做的一個分析，當然這種分析一定不夠嚴密，蓋因生態關係的錯綜複雜性，這種嚴格以四種分離的關係來從事行政的分析，當然就無法令人滿意了。例如，以動態平衡關係來透視行政與經濟、行政與社會以及行政與文化的關係時，我們就很難明白界定何者為投入，何者為產出，以及其間的動態關係又是如何平衡地維持。但是，從某些觀點看，以四種生態關係來分析行政現象卻是比較可以獲得清晰的因果歸屬，這在研究實際行政問題時必然有所助益。

第三節　稜柱社會的行政生態

　　模式（model）的本身乃一抽象的建構，它僅能够提供我們對事象的了解。而且，如前述知，稜柱模式本身在本質上僅為一似非而是的相對物（paradoxical counterparts），它並不能對事象作直接而肯定的陳述，倘若吾人想作深一層的探究，則將引起廣泛而又無法了解事實真象的困擾，蓋一個社會越是「稜柱」，則其行政結構越是與社會之經濟、政治等文化因素糾纏在一起。

一、稜柱社會的經濟結構

（一）「互惠」「重配」與「市場化的企業」制度

在傳統的鎔合社會裏，固然不能找到市場化的經濟結構，同樣的，在現代化的繞射社會中，我人亦無法想像鎔合社會裏「以物易物」的原始景象。雷格斯說，在鎔合社會與繞射社會的經濟結構，正好可以採用波蘭尼（K. Polanyi）的「互惠」（reciprocity）與「重配」(redistribution) 二詞來表示鎔合社會的經濟狀態，以及採用「市場」與「企業」來表示繞射社會的經濟制度。

所謂「互惠」乃是在鎔合社會中，一種定期的互贈禮物（periodic exchanges of gifts），同時在這種互贈行為發生時，不知不覺地產生調節物品供需的經濟功能。當然，這種長期的互贈行為，是可以強化「互惠」制度的穩定，達到宗教尊崇的目的，甚而兼收安定權力關係等多種益處。譬如臣子俗民(subject and layman) 對於統治者與教主（rulers and priests）的貢獻與捐贈。古代國與國間互贈國產，以及一般民間的物物互換，都是一種「互惠」的行為。他們這些「交易」，乃是基於情感的、宗教的、或是主僕的關係，絲毫沒有市場經濟的理性化行為作為指引。不過，如果仔細研究這些「互惠」行為的運作情形，便能發現這些「互惠」行為實際上已經完成了這些社會經濟活動的「重配」功能，履行了「以有易無」的供需平衡目的。雖然，這些行為人的內心並未自知，或未能區分他們的行為何者為經濟的，何者為政治的，以及何者為宗教的，可是，實質上他們的行為已經顯現了鎔合社會中經濟角色的功能與特徵。

在高度現代化的繞射社會中，一般而言，它們均具有驚人的經濟生產力，並以大量消費來刺激生產，這種含有「特殊制度安排」的經濟生產制度，就是雷格斯所稱的「市場」及「企業」制度。此種制度，與上述「互惠式的重配」制度，在理論上是相對的 (logical counterparts of reciprocity and redistribution)。 「市場」乃是一種「決定價格的交易制度」(price-making market system)，透過一種合理的 (rational) 計算精神，利用最少的資源投入 (input) 以求取最大的報償（產出）(output)。因此，在繞射社會中，資源的取得以及財富的運用，常是「功利的」(utilitarian) 與理性的 (rationalized)，其社會經濟行為的取向是「市場化」的。在追求市場化過程中，繞射社會的行為，自然就以政府企業最為普遍，這樣的「官僚化的投入與產出企業」(bureaucratized input output meaning)，不僅在政府企業中流行，而且在教會、社團、俱樂部、貿易團體，以及政黨運作中到處都可以看得見。

(二) 稜柱社會的特殊交易模型——Bazzar 與 Canteen

雷格斯研究稜柱社會的經濟結構時，認為在過渡社會的經濟行為是相當特殊而多變的，因此採用「市集」與「受限市場」(bazzar and canteen) 二字來表示稜柱社會的經濟形態。稜柱社會中的「市集」與「受限市場」經濟模型，正如鎔合社會的「互惠」與「重配」以及繞射社會的「市場」與「企業」模型一樣，是用來表徵各種社會的經濟行為特性。

在稜柱社會中，其經濟組織固然已有「市場化」的形式結構，但就整個稜柱經濟 (prismatic economic) 的潛在功能而言，則是存在於統治者的心目中。表面上看來，稜柱社會似乎已有市場模型，有以金錢交換貨物的事實，但是，實際上他們還強烈地反應出政治、社會、宗教以及個人地位等文化因素的影響而導致經濟上的不穩定。換句話說，在鎔合社會中，經濟行為並非僅僅源於行為者的始意，而是必須透過政治、宗教以及社會等目的的「交易」過程中，完成經濟運作的實質意義。此異於繞射社會的情況，在繞射社會中，「市場價格」則是完全由「市場因素」而決定，基本上不受政治、宗教、社會等因素的杯葛。由於稜

柱社會的「市場交易」並無「市場功能」可言，它一方面仿作形式的市
場運作，然而這些市場價格的決定，卻仍受其他多方面因素的影響。因
此，稜柱社會的經濟情況是變動複雜的。雷格斯爲了妥切陳述而又苦於
無適當的語詞，足以說明它的一切情狀，於是經過多方面的思考，乃
以具有特定含義的「市集」（bazzar）與「受限市場」（canteen）二字
來說明。雷格斯爲了說明這二個專門術語的特殊含義，乃採「市場因素
的重要性」（weight of market factors）與「外來因素的重要性」

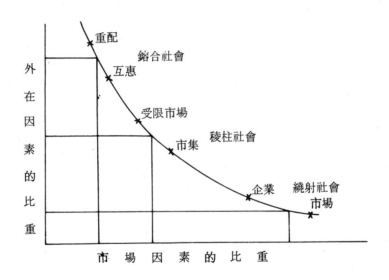

圖 2-1 鎔合—稜柱—繞射社會的經濟結構

（weight of arena factors）二者之間交互關係的相關曲線，來顯示鎔
合社會、稜柱社會，以及繞射社會的經濟結構狀態：2-1 圖卽說明它們
的相關性。

由圖 2-1 的顯示，我們可以獲知，愈是鎔合的社會，經濟愈是不受

市場因素的影響，而是由經濟以外的因素來決定其經濟行為。相反的，愈是繞射的社會，其經濟愈受市場因素的影響，外在因素的影響愈少。當我們討論社會的經濟模式時，應該對該一社會的是否開放或封閉來加以衡斷，亦卽必須透過對社會分化的程度與社會參與程度的比較來加以說明。其關係可用下列圖2-2所示來加以說明。

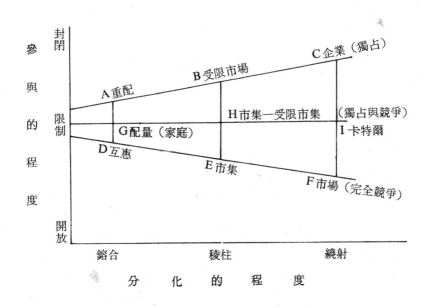

圖 2-2 社會分化及參與程度的比較

上圖中，ABC 線與 DEF 線，係代表垂直軸的變化限度，亦卽開放與封閉的程度愈高，社會愈是繞射的。AGD線、BHE 線與 CIF 線，係代表二種社會可能變化的界限。因此，I 點是代表「競爭」與「壟斷」的「中介」，亦卽卡特爾 (cartel)，G點代表家庭配量 (sharing)，是介於「互惠」與「重配」二者之間，H點代表「市集——受限市場」，是混合著「市集」與「受限市場」二特徵的。

(三) 價格的不可決或未決

在稜柱社會的「市集」與「限定交易」的模式中，最明顯的特徵為「價格不可決」(price indeterminacy)。所謂「價格不可決」就是經濟的結構已建構化，但卻非完全「市場化」。價格同樣受到其他非經濟因素的支配，亦即受到買者與賣者之間的社會、政治、名望、親疏等關係的影響。在稜柱社會中，由於價格的不可決，致使商品不能明確「標價」，同時買賣雙方都要花很多的時間去討價還價 (bargaining)，並且在議價的過程中，雙方都把地位、關係、聲望等一一搬出。雷格斯說，在東方的市集 (oriental bazzar) 裏，常有一種奇特的現象，一些裝扮入時的太太們，在她們購物時，經常把先生的地位、權勢誇耀一番，以期達到「優待」的價格。這種景象，在功能專化的繞射社會，會覺得不可思議；而在功能普化的鎔合社會也會覺得十分不自在。因為鎔合社會的人們心目中，認為我等地位高高在上，須要一點東西還要討價還價，真是有失尊嚴，按理汝等升斗小民有機會「獻納貢物」已經是風光體面的事。

在稜柱社會中尚有一種交易方式，亦即「受限市場模型」(canteen model)，此即享有特權的團體所能獲得的價格遠低於平常人。當買賣價格低於一般價格標準時，我們稱之為「補貼」(subsidized canteen)，欲維持補貼制度的平價買賣的存在，必須要限制購買者的資格，亦即僅讓一小部份的人能享有此一優惠。如美國在許多國外駐軍地設有美軍供應站 (post exchange) 或配售所 (commissary) 即屬之。這種情形在高度工業現代化的美國本土上是無法看到的。不過，在稜柱社會 (國家)，有許多進口物、限制品以及外貿交易的權利，往往授予一些與政府執政者有相當關係的特權商賈，任其獲取暴利，甚至以極端優厚的條件享受政府的補貼與保護。

價格的不可決，在「市集與受限市場模型」中是極為普遍的一種現

象，不僅物品買賣如此，其他如勞務、金錢、土地，及時間等都是如此。舉例而言，勞務的報酬，薪津的多寡，在稜柱社會中常要受推薦人的地位聲威而影響；「利率不一」也常使金錢的價格不可決；稜柱社會中對「時間」的效率衡量無法訂定標準，致使時間的價值不可決。總之，稜柱社會的經濟處處表現出一種「價格不可決」的景象。

（四）不平衡的經濟變動及其發展的阻礙

雷格斯認為：「市集與受限市場」是建立在一個極不平衡的基礎上，同時具有一種不穩定與變化的傾向。我們發現，在稜柱社會中事事都顯得極為不穩定以及急遽的變異狀態，它們不斷的向「繞射」（diffraction）、「分化」（differentiation）、「專殊」（specialization）與「市場化」（marketization）的途徑邁進。當然，這種變化，我人不能說它是好或是壞，因為它本身並不具任何價值意味在內。不過，稜柱社會的致力於「現代化」，事實上並未改善該地區人民的生活。因此在稜柱社會的形變過程中，經濟的不能走上正途，往往導致了它與其他文化因素相結合，而嚴重的破壞了社會秩序。

雷格斯深信，經濟的發展，主要是滿足社會的需求。可是，他一再提醒我們，經濟的發展是有其「因果循環」的必然關係。麥得爾（G. Myrdal）的〈經濟理論與落後地區〉（Economic Theory and Underdeveloped Regions）一文中指出：所謂經濟平衡理論，僅僅是在說明經濟理論上的一種特殊現象，其實較此更為常見的普遍現象，乃是在經濟不平衡的境況下，政治、社會、經濟各因素交互影響而形成的經濟緊縮與民生困苦，這些情形麥氏稱為「倒退效果」（backwash effect）。相反地，假若經濟的不平衡是由政府或高度生產中心所引發，他又稱之為「擴散效果」（spread effect）。在低度開發的社會中，成功的工業化與現代化，是需要倚靠「擴散效果」的壯大，與「倒退效果」的形成，以促

使資本的集中。雷格斯認為麥得爾的經濟因果循環論，可以輕鬆地運用在稜柱社會中。麥氏的「不平衡」(disequilibrium) 相當於雷氏的「發展」(development)；不過，雷氏再進一步的詮釋所謂「發展」是一種「積極的含義」(positive connotation)，亦卽一種正向的發展 (improving development)，而「不平衡」則是表示一種「消極的含義」(negative connotation)，亦卽一種「負向的發展」(declining development)。我們知道，經濟發展，不論是可能的或不可能的，它僅止於一種舊制度的消失與新制度之成長的「形式改變」(transformation institution) 而已。

由上觀之，稜柱社會的經濟發展，在市場化的過程中，一方面是科學技術不如人，無法達到西方科技的水準；另一方面是，政治與社會的期望，要求大量的生產，然而這二項祈求，都是需要相當時間的準備與培養，同時還要有顯著的資本形成，這些交互條件的約制下，稜柱社會的初期工業化、市場化，將會形成一種負向的發展，亦卽市場化的程度

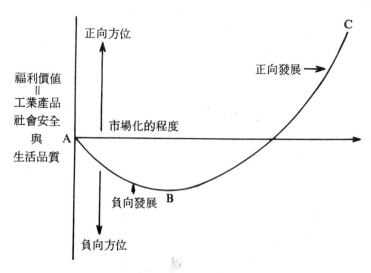

圖 2-3 稜柱社會的經濟發展

雖然增高，可是人民生活的程度，可能反而不如以前，這一種情況必須
延至某一定點後，方能漸漸回升，而達到正向的發展。如圖 2-3 所示。

　　我們再用麥得爾的術語來解釋圖 2-3：由 A 至 B 點的負向發展，卽
是所謂「倒退效果」；由 B 至 C 點，則稱為正向發展，卽是所謂「擴散
效果」。

　　前述種種，在一般書中，均甚少提及，我人在熟悉雷格斯的稜柱經
濟理論後，卻大大的領會其中道理，並且對於稜柱社會的經濟活動有更
直接而深入的了解〔彭文賢，73:47-53〕。

二、稜柱社會秀異分子的社會角色

　　不論鎔合社會、稜柱社會，抑或繞射社會都有秀異分子的存在，不
過他們在各種社會中的角色扮演則互不相同。雷格斯在分析稜柱模型的
社會型態時，主要是從價值的聚合 (agglomeration of value)，秀異分
子在政黨中的角色扮演，財富的掌握，以及學問知識等方面來探討的。

　　(一) 價值的執著與聚合

　　所謂秀異分子 (elite)，　卽是一個社會的權力持有者。在傳統的觀
念，社會上的財富、教育、權力、聲威…等價值的依附總是聚合的，亦
卽，凡是有財富者，必能輕易的也獲得教育知識和權力地位。同時，凡
是有權力者，　也理所當然的取得財富、教育、聲威…等各種價值。這
種觀念似乎已經深植古今中外的人心。不過雷格斯卻不完全同意這種觀
念。他說，從廣泛的歷史觀點證實，大部份價值之間的關係，並不如一
般的想像，　並非有權力者必有財富，　亦非有財富者必有權威。而是有
權力者可以支配有財富者，有財富者必須投靠有權力者，抑或支配有權
力者，以期保護其財富。自古以來，權力、財富、教育、聲威…等等價
值之執著或聚合的情況，不是絕無僅有，不過就比例上而言，總不能算

多。

然而，秀異分子的產生原因為何？他們對社會的影響力到底如何？此外，社會分化的程度與價值的聚合與否，其關係又如何？這許多問題，都是我們在研究秀異分子的性質時，所應該了解的事。

首先，讓我們討論秀異分子的產生問題。在討論這個問題之前，有一點必須先予說明的就是秀異分子雖然是一個社會的權力持有者，不過這不等於說秀異分子即為一個社會的統治階級。例如華僑之於今日泰國；基督徒之於奧圖曼帝國；猶太人之於中古歐洲；甚至當今世界各國的外屬企業家（pariah entrepreneurs）之於統治者…等等都是秀異分子而非統治者的實例。

雷格斯認為，鎔合社會秀異分子的來源是依據歸屬的關係（ascriptive criteria），而繞射社會的秀異分子則是根據其個人成就（achievement）而來。至於，稜柱秀異分子的取捨，從理論上來分辨，毫無疑問地，則是一部分以歸屬的評價，另一部分則以成就的標準來衡斷。換句話說，在稜柱社會中，要成為社會秀異分子，多少總要講求一些倫理的、種族的、宗教的、語言的，以及社會層級的歸屬因素；同時在繞射社會中的一些成就標準也被運用，凡具有組織的才能，社會關係的攀附，和學問技術的累積者，都能達到稜柱秀異分子的地位。雷格斯形容這種情形為「有限的成就取向」（attainment orientation），或稱「資格取向」。

另外，雷格斯在討論價值特性的時候，是把權力、財富、教育、聲威…等等皆稱為「價值」。由於「價值」一字尚有另一種重要用法，亦即主觀上對事物的判斷。故雷格斯又將「價值」稱為 weal，此字在一般英文字典中之意義為福利、幸福、快樂、和繁華。一個人的獲得 weal 的程度，即是他的「價值的地位」（value position）。同時秀異分子是社

會權力的持有人，假如一個人不僅擁有權力，而且也懷有財富、學識、聲威，和技術等價值等，這種人則被稱之爲 elect （他們與上層階級是重合的）。在鎔合社會中，一般而言，由於功能專化的程度較低，故 elite 也等於 elect，他們價值合一的趨向十分強烈，所以各種價值都爲 elect-elite 所壟斷。而在繞射社會中，社會分化程度高，各種特殊結構需要各種不同的秀異分子來負責。是故，有權力的秀異分子不一定同時具備財富、學問、和聲威…等等價值。雷格斯乃將擁有權力的 elect 稱之爲統治者，而享有 weal 的則稱爲顯赫者 （eminence）。這些顯赫者，或憑財富、或憑勇氣、或是憑學問而逐漸達到 elect 的地位。

在稜柱模型中，誠如前述，我們能見到的是鎔合與繞射的混合物，這種混合物，具有繞射的特徵，也具有鎔合制度的形態。這種混合物，是由各種分化的顯赫者組合而成，但是他們卻受統治秀異分子的控制。在稜柱制度之下有一點必須分辨的就是：「內生稜柱秀異分子」(endogenous prismatic elite) 與「外生稜柱秀異分子」(exogenous prismatic elite) 的分別。假如社會形變的原因發生在社會內部，卽一般中產階級所發動、或支持、或擔負此一角色者，這種情形我們稱爲內生的變遷，它們的秀異分子，我們稱爲內生的秀異分子。通常，內生秀異分子是專斷的掌握權力者，使本身統治合法化、強固化，並且極力地阻止並限制其他顯赫者的產生，因爲倘使不是如此，其本身權力將遭受挑戰威脅，甚或爲其他有野心的顯赫者所取代。因此內生秀異分子的價值是十分執著的。相反的，假如社會形變是來自外在的原因，則它們的秀異分子，我們稱爲外生秀異分子。對一般而言，外生秀異分子，是一批有才幹的志士仁人，他們向原有的統治秀異分子挑戰，而且也不斷的受到企業人士和知識分子的鼓勵，並作爲它們的後盾。所以在稜柱社會中，不論是內生或外生的秀異分子都有遭受抑阻的可能，是故雷格斯把這種情況稱

作顯赫者的頓挫 (eminence aborted)。不過， 就一般社會地位而言，不管是傳統的、過渡的、抑或是現代化的秀異分子，他們都有極其重要的社會職責。事實上，也唯有秀異分子發揮其高度的才華，才能帶動整個社會的進步。

（二）學知的角色 (the role of learning)

從埋首書中，而成為社會秀異分子的情形，雷格斯稱這些人為學知秀異分子，同時他也以鎔合、稜柱、繞射三種來討論。首先他把學知之士 (the man of learning)，在不同的社會中，命以不同的名詞： 在鎔合社會中， 雷氏將學知之士稱為 「士」 (literatus)， 在繞射社會中稱之為 「知識分子」 (intellectual)， 而在稜柱社會中則稱之為「學者」 (intelligentsia)。

在鎔合社會的知書達禮之「士」， 他們的學問知識，幾乎是從自我教育中得來，沒有正式的學校教育，他們所學的，只限於傳統知識的大雜碎 (corpus)，不分歷史、哲學、理論科學、 昔賢名言、 秘思、 或繁複的宗教儀式…等等， 凡是傳給他的，當時當地可能學習的一切， 都是他們學習的範圍。他們學習這些傳統知識，主要的目的，在於將先人遺留的文化遺產傳給後代，他們只是歌頌、接受、追憶、奉行這些先人遺物，而從不做修正、批評、分析、或驗證的工作。這種典型的代表，當推中國儒家和印度佛教為顯例。

在繞射社會的洞明鍊達之「知識分子」都是受過廣泛的、長期的、正規的學校教育，他們的精神在於對事理的深究細考，他們以嚴謹的態度， 專精的知識， 把各種學識分成精細的各個小部份， 不論在社會科學， 或自然科學， 他們都以科學方法來研究。 精細化、 知識化和抽象化，是繞射社會的「知識分子」的主要特徵，人人只精於各科門的一部份。明顯地， 他們是面對將來，追求人所未知，昔所未屆的境界， 甚至

以了解往日無法理解的現象，接受神奇自然環境的挑戰，為光榮而有意義的使命。

稜柱社會的學知之士，稱為「學者」，這些人的心理矛盾，徘徊在前述二種極端之間。他們有正式的學校教育，可是學習的內容卻參雜了一些生活體驗與人生哲理。因此，他們一方面迷戀於過去（傳統）；一方面又嚮往未來（現代化）。這種情感上的矛盾深藏於稜柱知識分子的心中，因此他們醉心於科學的價值，但是他們又對歷史的秘思難以忘懷，這種不調和的現象，可說是稜柱知識分子的特性。其實，教育方式產生的問題，並非稜柱社會「學者」的內心引起衝突的真正原因，主要地還是由於傳統或現代都無法給予他們一個知識上的指涉架構及行動上的行為準則。稜柱社會的「學者」在求知的過程中，他們不能完全撇開一切價值，純粹以追求「真理」為其研究重心。他們也不願意再做傳統「述而不作」的工作，他們研究學問，主要是考慮學而是否能用，社會對他們評價的高低，以及唯其學成出名，光宗耀祖是問。稜柱社會的「學者」，許多是靠著「學有所長」的招牌以求宦途之倖進，而不願意在其所學本行求其專精與權威性。這種憑藉虛無的學術氣質以逐其「經國治世」的理想，是不無不確之誚。

（三）財富的角色

雖然財富經常被視為經濟的一環，但是財富也影響權力的獲致。在稜柱社會中，價值的聚合普遍流行，擁有權力者，一般總是比較容易成為富有者，甚至其他價值也會隨之而至，elect的產生更有賴於此。由於他們財富的獲得始於政治權力，因此為了要保護財富，必須要爭取政治權力，甚至不惜以巨金來換取政權，政治投資 (strategic spending) 的事例時有所聞。

在鎔合社會中，「互惠」「重配」是其經濟生活的主要表現方式，

在「互惠」方式下，人們往往提供最好的禮物或是在喜宴中以豪華的排場來炫耀其財富，以博取周圍人士的欽慕。在「重配」制度下，子民總是奉獻最華美的貢物，以期獲得君主的最高恩賜，他們覺得這樣是最值得驕傲與體面的事。

在繞射社會中，財富的集中，主要是以增加生產、減低成本、獲取利潤爲手段，而財富的多寡完全以金錢的數目來衡量，在市場中每一物品與貨幣之間都有一定的比值。同時「消費」與「投資」是維持繞射社會經濟結構的二大支柱。「儲蓄」是爲了未來做更大的投資，增加更多的生產，而且也爲了提高消費的品質與數量。如此循環不息卻造成繞射社會富有秀異分子之「誇耀性的消費」(conspicuous consumption)。這種景況，是否會無止境的發展下去？吾人尚不敢斷言，不過在繞射社會中，價值的依附，並非是聚合的；在有限的範圍內，金錢、權力是可以互換的，但是極爲有限，甚至有花費大量金錢換取權力而造成得不償失的情形。

在稜柱社會中，財富的運用，可以說是一種「市場化的重配」(marketized redistribution)。他們有市場化之雛形的消費制度，並假設其貨幣的經濟形態已經運行，形式上可分成「投資」與「消費」的經濟結構；但是許多古老的、非分化的活動卻仍保留。他們沒有完全誇耀性的消費，也沒有充分的個人支出，只是在一些傳統的儀式場合中有其爲數不貲的花費。事實上，在稜柱社會中，固然有一些秀異分子苦心於政治的發展，社會的進步，希望能有大量的資本形成，以謀富國利民之舉。不過，大部分的稜柱秀異分子，本身擁有巨大的財富之後，就見利忘義甚或以不光彩、不道德的手段來達成其永遠保有財富的私願。於是他們遂以賄選、賄賂、聚賭或推舉一些毫無治事能力的人佔據顯位，造成他們能够幕後控制，致使稜柱行政的疲弱。這種情形，雷格斯特命以一專

門術語，稱之爲「政治投資」。因此，假如吾人想對稜柱秀異分子的財富加以精確的計算，是極爲不易的一椿事，除非將他們的權力、地位、影響力，詳加衡考，否則必定失之於眞。

稜柱社會之所以會有這種情形產生，也有其不得已的原因。在繞射社會中， 假如一個人的收入多於消費時， 他大可毫無考慮的將其轉投資，以期將來獲取更多的收入。但是在稜柱社會卻不如此單純，他們想投資，卻因政局不穩，或利害衝突，隨時有財富被沒收的危險。爲了保全他們的投資，所以不得不想盡辦法，使他們的生財之道永遠敞開，以致所有的 「政治投資」 絕對不採公開而直接的方式， 他們都是以秘密的，間接的不爲人知的方式爲之。譬如，有位大賈，願意捐贈一塊高價值的土地予政府爲公益事業之用，表面上看，他是慷慨的、急公好義的；其實，眞正的目的，可能在於他藉著博取大眾的好感，而姑息容忍他的一些企業獨佔，或掩飾其他不道德的行爲。

很明顯地，在稜柱社會中，財富是奪取權力的一種有利工具，財富不是資本，不是資本主義精神下鼓勵投資，增加生產的資本。政治投資在本質上是降低生產，阻滯經濟發展，這是稜柱社會反功能發展（negative development）的另一明證。

在稜柱秀異分子中，同時有一必須清楚了解的事，就是對外屬企業家（pariah entrepreneur）的認識。

所謂外屬企業家，乃依韋伯 （M. Weber） 之稱外屬的資本主義（pariah capitalism）一字而來。「外屬」 一詞並非指陳特殊的下等階級，而是指任何「外人」(outsider) 或陌生人 (stranger) 而言 。當然外屬的成員不一定都成爲企業者。在稜柱社會中，他們爲了求生存，不得不想盡辦法與當地有自主權力的秀異分子 (the elite of dominant community) 相結合。因爲一般開發中的政府，對於外屬企業家都極端

刻薄，多方榨取，他們的財產毫無安全保障，他們一輩子的努力，可能因為統治者一道命令，而盡付東流。為求自保，不得不攀龍附鳳。

三、稜柱社會的社會結構

在一社會下的各種團體，它們之間的關係，乃是多變而複雜的。團體規模的大小、目標取向的繁簡、互動關係模式的合作或相對，以及溝通型態的化合（assimilation）或衝突等等，皆將引發社會結構的變遷與發展。以下將按雷氏所分之多元化社會與特異的稜柱團體等二方面，分別加以說明。

（一）多元化社會

在討論稜柱社會多元化之前，我們先要對「流動」、「化合」、「一元化社會」、「多元化社會」等幾個特殊用法的名詞加以了解。

「流動」（mobilization）：乃指整個社會人口參與龐大之溝通網的程度而言。譬如，知識的普及、大眾傳播工具的運用、都市化、新交通工具的出現…等等都可以增加社會成員的溝通程度，皆有促進社會「流動」的功能。當今世界各個社會中，其成員的「流動」程度各有不同，美國人口較泰國或菲律賓的「流動性」，在相對程度上要高得多。

「化合」（assimilation）：乃指全社會的人口與秀異分子皆用同一符號，認同於同一基本價值與目標的程度而言。社會大眾與秀異分子彼此相互溝通而無阻礙，則統治者與被治者之間，對於重大事物，諸如政府政策、目標與合法的基礎等等，便比較容易得到相同一致的看法。

「一元化社會」（national community）：簡單的說，就是社會不僅是高度的「流動」而且也相當的「化合」，這種社會我們稱為一元化社會。例如英美等高度現代化國家，應可稱為一元化的社會。當然，我們**不能說這些社會已經百分之百的「一元化」**，因為畢竟他們尚有一些「

社羣」（community）是不化合的，諸如美國黑人問題、英國愛爾蘭問題是。

至於「多元化社會」（poly-communal）：乃是一個社會的人口已經是流動的但並非化合的，這種情形往往造成社會的分歧（differentiated），如非洲許多新興國家和東南亞多數國家是，它是稜柱社會的特質。

在鎔合社會中，大眾傳播的工具缺乏，很明顯地，這種社會是不流動的，所謂「鷄犬相聞，老死不相往來」，是他們最好的生活寫照。每個村莊部落都自成一個小社會，遺世而獨立於外界，僅僅在冠蓋雲集的京城首府，或農業精華的集散地，其文化水準略高的半鎔合的社會中，由於 elect 的播散，才有部份地社會流動。在這些鎔合或半鎔合的社會系統下，社會乃是由一些稍大的社會（great community）與無數的小社會（small community）組織而成。它們彼此間的互動關係很少，彼此的影響也如冰河移動般的遲緩，社會大眾的移情作用（empathy）也極小。

它們僅僅嚴守一些古老的傳統文字、藝術、神話玄學、稗官野史來作爲秀異分子的溝通媒介。因爲溝通流動的行爲很少，故化合或不化合的問題，根本就不存在。

繞射社會中，每個人都能自由地參與大量溝通的行列。單一的語言、社會秘思（myth）的和合，造成了「一元化的社會」。不過在高度工業化社會中小社羣（community）的存在，誠如前述，並不能完全免除，這些小社羣尚未完全分化（differentiation），多少還有一點稜柱的特性。其實，在眞實世界中，一元化社會只是一種假設，並無絕對的一元化社會或國家。

（二）特異的稜柱團體

在組織的領域中，我們可以看到「原級團體」（primary group），如家庭，繼續產生的影響力，同時，也可看到「次級型態的會社」（secondary type association）之重要性的不斷加增。雷格斯認爲在原級團體與次級團體之間尚應加上一中間性的範疇，即稜柱團體（prismatic group）。他把它稱之爲 clect，是指任何一種團體，它能運用現代的、會社的組織方法，但卻又維持了一種傳統型態的「普化」（diffuse）及特殊的目標。

雷格斯指出，要想在一個充滿各種特殊型態的稜柱社會中，形成一單一的全國性的會社，幾乎是一件不可能的事。相反的，團體卻可以在每一個社區中形成。舉例以言，在泰國的中國人、美國人、日本人及泰人的社區中，就有各別的商會。雖然這類團體的構造在形式上很像會社，但實際上，則應稱爲 clect，因爲它把成員的國家或社區的利益放在商業的一般性利益之上。

clect的目標可以是非常普化的。舉例以言，在泰國的中國商會，就不止是爲了推進商業的利益，它還組設學校，爲中國社區擔負政治代言人的角色，並且爲它的成員從事各種慈善性與勞務性的工作。在菲律賓，也可以找到中國的宗親會。這類團體不是宗族（clan），也不是嚴格意義的會社，因爲它雖然運用會社的組織技術，但它的目的卻是高度特殊化的（highly particularistic）。

同樣的，政治與行政機構也不能以「原級」或「次級」團體加以理解，而應從 clect 的性質予以認識。比方說，菲律賓的國會議員們，他們所花的時間，大部分都在爲他們的嘍囉（protégés）安插工作，所餘的時間才是爲制訂一般性法案與政策而努力。前種行爲是「特殊化」的，後一種行爲則是「普遍化」的。

政府的官署，在形式上像一會社，在實際上則是一 clect。官署首

長對於屬僚的態度與作風極似一個父親對於子女者然。而一個組織的首領也變成他們同僚的教父（godfather），行政的關係也轉而受儀式表面化的約束。

至於官僚與人民之間的關係也是具有異質性的，在某程度上，人民亦能提出政策性的質問，會社亦常選派代表與官吏討論特殊的政策及執行問題。可是，家屬的壓力仍然十分強烈，它常常為施惠於親戚而迫使官吏就範〔彭文賢，73: 49-56〕。

第四節　理性與感性的行政文化

行政文化乃依國別而有所不同，先進國家和開發中國家也擁有不同的行政文化。

一般而言，歐洲社會的行政文化，涵蓋了理性主義、非人情主義（impersonalism）、功績主義、科學主義、事實取向主義、普遍主義、專業主義，和中立主義等。反之，開發中國家的行政文化則是權威主義、家族主義、形式主義、因緣主義、私人主義、官僚支配主義、通才主義以及人情主義等。

一、先進國家的行政文化

（一）理性主義

這裏所謂的理性主義，乃是搜集所有的客觀知識，由其中尋求最適規模的政策決定的態度。也就是令所有的意見能夠自由地發表並彼此修正，從其中找出最具普遍性與理解性的意見，此一態度稱為理性主義。故理性主義可視為尋求主觀的客觀化，因此，在理性主義盛行的社會中，情感與偏見很少影響到該國的政策決定。在這種國家社會中，共識

政策的獲得，乃完全遵守運作過程中的遊戲規則（rules of game）；也就是一定要依自由競爭的方式，遵從多數的決定；而且問題的解決，也依據科學的知識或人類的智慧，而非來自超自然或神秘的力量。

（二）功績主義

對於人才的選用與升遷，不問其出身、宗教、籍貫等歸屬性的因素，而是依其能力、資格等客觀性因素爲評價的標準。在功績主義普遍化的社會，因出身而形成差別待遇的現象極少，故在招募、進昇、遞補人員時，人事行政很少發生不公平的現象。

（三）相對主義

相對主義強調任何價值均沒有永遠性、不變性與固定性，也就是任何價值都有相對性與流動性。這意味著相對主義乃是一種對教條主義（dogmatism）的脫離。在擁有相對主義的社會中，因爲對特定價值沒有執著現象，所以對變化的適應性很強，而政治決定也有遞增的趨勢。

（四）冒險主義

冒險主義永遠追求較佳的選擇，因此不畏嚐試錯誤（trial and error）。因冒險主義認爲經過嚐試錯誤，方可發見改善或發展的方法。所以嚐試錯誤成爲其生活的一部分，由其中可得到最佳的教訓。故錯誤並未削弱他們的力量，而他們也很少經歷相同的錯誤。

冒險主義企圖不斷求新，然而他們知道某些問題無法立即解決，必須經過嚐試錯誤後方可慢慢解決。因此在講求冒險主義的社會中，由於其不斷追求更佳的目標，所以行政被視爲解決問題的過程。

（五）事實取向主義

事實取向主義認爲價值判斷中最重要的基準就是事實。政策決定時，無論如何好的意見也比不上客觀的事實。這種主義喜歡把握現實的自然狀態，爲了尋找客觀的事實而樂於採用實驗的方法。在事實取向主

義普遍的社會中，說服人民的方式只有採取客觀的事實，而不依情感或主觀的偏見。

（六）中立主義

政治是人民意志的表示，而行政則爲人民意志的執行。公務員固然可以有其支持的政黨或候選人，然而這是他個人的事，不能與公務混爲一談。行政人員於執行政策時，除了考慮命令的合法性及其對組織的影響之外，不考慮自己的利害關係與政治色彩者，謂之中立主義。

因爲行政是政治過程的最後階段，政治與行政在功能上雖是彼此關連的，但在運作上卻是彼此互不干涉。且行政具有工具性、管理性、手段性的特徵，固然不能參加或干涉政治領域，但也不能被其干涉。也就是說，行政是執行價值的機關，卻不是創造的機關。

二、開發中國家的行政文化

在這裏所談到的行政文化並不適用於所有的落後國家與開發中國家，一般而言，較適用於有特殊傳統與較短民主歷史的東方社會。故並非所有開發中國家都具有以下所描繪的行政文化特質，簡而言之，只要民主歷史較短，且科學不發達的國家，都普遍具有以下的行政文化要素。

（一）權威主義

權威主義是指人與人之間的關係是垂直的，而非水平關係，故其爲強調統治、服從關係的文化。官僚支配主義、官僚特權主義或重官輕民的思想，均可謂爲權威主義的特質。

在權威主義普遍的社會中，權力由中上層的人所控制，而官員對人民的責任感則很輕。同時，政策決定過程也極易導致兩極化，並且很少進行修改或補充。

（二）家族主義

家族主義是將行政所屬的公家社羣視爲家族型態的一種。換言之，也就是把行政單位看成一個家族單位。家族主義所屬的社會，雖然強調相互的和諧與階級間的次序，可是卻也形成公私不分的現象。

（三）因緣主義

因緣主義強調人與人之間血緣、地緣、學緣等排他且特殊的關係。講究因緣主義的社會，其人際關係，往往相互衝突；至於進用、昇遷、遞補等人事問題，則往往不具公正性。

（四）形式主義

形式主義的社會，往往執著於形式、程序與先例。強調形式主義的社會，重視法律責任所形成的實質秩序，並且流行循例故習。其強調形式的結果，往往形成雙重性格，一方面具有顯著的教條性，一方面則對變異具有敏感的排斥心理。

（五）人情主義

人情主義乃忽略人際間的職務或利害關係，而著重人情紐帶關係的主義。講究人情主義的社會，將人與人之間的信義看得較重，而較輕忽契約所規定的權益。並且上下之間的關係不是職務間的關係，而是人格間的關係。此種社會決定政策之時，主觀的情感或偏見是重要的考慮因素，而較不看重客觀的事實。

（六）官運主義

官運主義認爲個人成功的重要因素是人力以外超自然的神秘力量。抱持這種主義的官僚，認爲自己之所以沒有升官，是因沒有官運，而非能力不足；他們雖然很努力，卻相信有官運方可成功。認同官運主義的社會，喜歡自我辯白並推卸責任。這種社會較喜歡超人型或神化式的領導 (charismatic leadership)，而較不重視理性的領導 (rational leadership)。

(七) 通才主義

通才主義的意識型態認爲世上有十全十美之人，可對任何事物應付自如，地上之事僅憑常識卽可解決。通才主義盛行的社會，很難產生專業主義，因其以爲一個人卽可解決所有事項，故難以清楚劃分權限，行政也無法專門化。

(八) 特權主義

特權主義認爲官職並非一種職業，而是光耀門楣與爭權奪利的工具，故其爲一種保障特權與揚名的意識型態。特權主義風行的社會中，人們認爲官職是自己謀求發展的手段，往往爲了本身更多的利益和權力，展開官僚間的競爭，且視民間企業或其他職業爲謀取利權的對象。故在這種社會裡，官僚的服務精神一蹶不振（白完基，1984：153-165）。

參 考 書 目

白完基： 《行政學》，韓國漢城：博英社， 1984年版。153-165 頁。朴光得、胡滾靑合譯，〈行政文化〉，《憲政思潮》73期，民國75年3月，121-126頁。

江炳倫： 〈公共行政的一些問題〉，《憲政評論》6 卷 8 期，民國64年8 月， 3-8 頁。

吳復新： 〈公共行政底生態研究法〉，《中國人事行政月刊》6 卷 7、8期，民國62年，9-18頁。

金耀基編譯：《行政生態學》，臺北商務印書館，民國56年10月初版。

彭文賢：《系統研究法的組織理論之分析》，臺北聯經出版社，民國69年6月初版。

彭文賢: 〈稜柱社會的行政生態〉，《華視空校函授週刊》305 及 307
　　期，民國73年 4 月，47-53及49-56頁。

Easton, David., "An Approach to the Analysis of Political System,"
　　World Politics, Vol. 9, 1957, 380-391.

Heady, Ferrel, *Public Administration: A Comparation Perspec-
tive*, New Jersey: Printice-Hall, Inc., 1979.

Riggs, Fred W., *The Ecology of Public Administration*, New
　　York: Asia Publishing House, 1961.

第三章　先進國家的公共行政

　　當我們提及「先進國家」的時候，通常都是意指西歐各國和追隨西歐模型的其他地區的國家。典型的名單包括大不列顛、法國、德國、美國、北歐各國、加拿大、或許加上蘇聯以及日本。一般說來，這些國家的公共行政具有以下的特點：

（一）政府機關和民間企業的組織相同，其共同點是（Ⅰ）高度的專門化，（Ⅱ）各個職位人選的分派是根據個別人士的成就，而非根據家庭情況或社會階級。

（二）傳統的（宗教的或部落的）領導團體已喪失了一切影響政治決定或司法裁判的實權，目前這些決定和裁判都根據法律規章，而非宗教標準。

（三）政府的活動伸展到公共和個人事務方面的廣泛領域，而且有進一步擴張至一切主要領域的趨勢。

（四）人民願意投身於公共事務上，而且具有普遍的興趣。

（五）有政治地位的人和政府領導者一樣，被廣泛地認為是政府合法地位的持有者，而且領導地位的轉移也是根據法律的規定，以層次分明的程序辦理。

（六）行政機構龐大而且有許多明顯的附屬單位。這些單位多數需要有

高度專業化的雇員，他們代表社會裏可以見到的各行各業專業化人才的精英。

㈦行政機構准許政府其他分支部門影響它的各項政策，反映它對專業化和民選官員合法地位的尊重。

㈧行政機構被視爲具有足夠的專業資格和教育水準，所以他們能提出專業化的政策報告和建議，以作爲立法者和行政首長的參考〔Sharkansky, 1975: 30-31〕。

上述的描述方式，多少帶有傳統與現代對比的兩極分法，不但不能完全符合傳統或現代化的意像，而且也不能勾劃出發展中地區多采多姿的行政行爲。因此，行政生態學者雷格斯乃再從分化(differentiation)的角度，將官僚制度區分爲溶合的、稜柱的和繞射的三種。溶合的官僚制度沒有角色的分化，僅由一種角色履行維持體系存在所必需的種種功能。繞射的官僚制度具有高度的角色分化，幾乎每一種功能部分由專門特殊的角色負責。至於稜柱官僚制度的情形則居於兩者之中。其基本的假設就是在極端簡單的社會，只有一個結構，它要擔負各種渾噩未分的功能。在另一個極端，則假設每一種功能，無論是政治的、經濟的、或文化的，都分由一個專門的結構履行。前者就是未分化的社會，後者就是已分化的社會，都是屬於理想型。但是，雷格斯借用光學的譬喻，自己杜撰了三個新穎的名詞。未分化的社會，只有一個結構，如同白光一樣，光譜中其他顏色隱藏不露，可以稱之爲溶合的 (fused) 社會。已分化的社會，具有各種特殊的機構，各有所司，好像一道白光射過水晶稜柱，變成五彩繽紛，可以稱之爲繞射的 (diffracted) 社會。結構分化是一個連續不斷的過程，理論上可以作無數段的劃分。（如圖 3-1）

因此他再從功能集中的情形，將繞射的社會，亦卽先進國家的公共行政系統，劃分爲專精的 (specialist)、專業性的 (professional) 和集

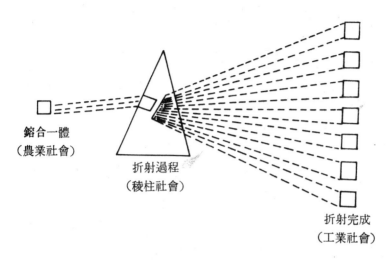

鎔合一體
（農業社會）

折射過程
（稜柱社會）

折射完成
（工業社會）

圖3-1　鎔合—稜柱—繞射模式

權的(apparatus)三類〔Riggs, 1964: 31 ff〕。其後赫第(Ferrel Heady)則
再從行政文化的角度，將先進國家的行政系統劃分爲：一、民主文化的
行政 (administration in the civic culture)，二、古典內涵的行政系統
(classic administrative systems)，三、邁向現代化的行政 (moderni-
zing administration)，以及四、極權效率主義的共產行政 (administra-
tion under communism) 〔Heady, 1979: 44 ff〕。爲求清晰起見，本
章將以赫氏的分類爲經，雷氏的分類爲緯，分別就其行政生態與行政特
質解說如下：

第一節　民主文化的行政

「民主文化」的行政，乃指英、美兩國而言。他們有著相當穩定的
政治情勢，這種政治特點被阿蒙及維巴稱之爲「民主文化」或「城市文

化」〔G. A. Almond and Sidney Verba, 1963: 8〕，其政治或行政文化之特性乃是「參與性」與「多元性」。

一、行政生態

所謂行政生態，前已提及，簡單的說，就是一套影響公務的信仰、態度、價值，和各種人文制度及環境的力量。就某方面而言，美國的文化和一些穩定的文明國家比起來，是比較具有功利的色彩與求新的特質。在美國的文化中，統治階級並不對文化採取順從的態度，官僚機構較不具地位和威望。統治階級也不是封建貴族出身。美國的威望是屬於投機商人（暴發戶），美國的社會價值是多元化的，但是美國的社會並沒有共同的意識來協助政治領導分子的活動以達到美國的社會目標。美國之所以沒有共同意識，主要是美國人的人格著重於利益的追求。從以上種種事實看來，美國並沒有一致的生活形態，他們對每一種問題都要辯論，並且喜歡求新；在開墾拓荒以及工業化的過程中，除了一些古老的習慣以及一些過渡性的權宜辦法外，所有的秩序都被摧毀。

但是美國文化的特色，就是在拓荒過程中所養成相互幫助的習慣，使得美國社會階級的對立減弱。拓荒時代的功利主義，使歐洲移民美洲的貴族想要保持他們原有社會優越地位的念頭打消。此種美國民主生活方式所造成人與人之間的社交生活方式，減少人們對有資產者的仇視。由於這種生活方式，也使美國人不會過份重視金字塔式的官僚結構。雷格斯說，正如美國社會中其他的面向一樣，我們已看出她的生態的力量（ecological forces）──市場、會社、階梯結構──不只影響到公共行政，而另一方面，美國的行政也影響了這些生態力量，所以，美國政府之民主的理則是由行政行為所強化，舉例而言，美國行政的象徵主義中之平等之義，就肯定了平民意念中的平等主義。誠然，政府之平等主義

是常常跑在人民的行爲之前的，如種族上之反隔離行動便是一例。

要了解一個社會，必先知其社會結構，諸如家庭、宗教派別、政黨、商會、或社會階層皆是，這些無不影響到公共行政。在美國，雷格斯指出我們尤應掌握會社（association）與階級結構（class structure）二點，以此窺入，則對美國公共行政的清晰「形象」卽可把握。

自百年前托克維里（Alex de Tocqueville）訪問美國起，凡訪問美國者莫不驚嘆於其「會社」、「俱樂部」、「學會」等自動組織團體的多與活躍，「會社生活」（associational life）實是美國社會的一大特徵。雷格斯說，行政與會社之關連的結果是極爲重要的。一方面，由於會社所構成的不斷的壓力，使得官僚們警覺而有反應，亦卽會社不斷地供給他以消息、資料並使他意識到雇主們（人民）是隨時會準備給他們評估或譽報的。另一方面，會社也提供官僚們一種不可估計的力量，幫助他執行政府的政策或計畫，沒有他們，官僚是孤力無助的，有了他們，他常可以憑一個電話，一封信，而動員成千成萬的人，參與到政府的計畫中，使之順利奏功。因此，會社模式在基本上塑造了行政的行爲，同時也擴大了行政的效能。

雷格斯指出，官僚權力的增加並不意味著行政效能的必然增進。相反地，只有在「非官僚的權力」強大得足以控制、並獎懲官僚的成績表現時，以及政策之執行步驟能很清晰地被規制時，我們才能期望一個高水準的「行政產出」（administrative output）的獲得。假如官吏可以自由決定他們自己工作的話，那麼利用機會假公濟私，乃勢所難免，因爲這是人情之常。雷格斯曾著文一再地強調，官僚權力的崛起，乃意味著政治的衰落與行政效率的降低。其結果且將導致官僚之間的鬥爭與奪權，而最後勝利者必然歸之於軍事上的官僚集團，因爲槍桿總是最有力的。可是，在美國的歷史上，各式各樣的官僚權力（包括軍隊在內）總

是受制於政治的控御的。雷格斯說，這一現象決不能僅僅用憲法上「分權」的條款來加以解釋，因為這種憲法的條款在有些國家也是不缺少的，只是從未發生真正的效果罷了。同時，他也不以為這個現象可用「美國的氣質」(American temperament) 來說明的，因為美國也並不是沒有氣質不佳的野心軍人〔金耀基，64: 45〕。

在美國，政治體系從未發生過革命性的改變，反而是英國十六世紀的憲政制度，輸入到新大陸之後，在那兒生了根；可是正當其在新天地裏獲得新的生命時，卻被母國拋棄了。原來英國在圖特 (Tudor) 王朝統治下的制度，在性質上仍然具有一些中世紀的色彩，可是在十六世紀，英國政治已逐漸步向現代化，特別是在國家對於教會之優越權的建立，高度國家民族意識的發生，以及王權的增加等方面為然。在這些基本原則與結構中，舉其要者有：社會與政府應作有機結合的觀念、政府各機關應當協調、政府應服從基本法、國王與國會之間應當保持權力的均衡，並各有其代表性等皆是。

雷格斯又說，美國人承續了英國人的傳統，似乎已把以法治國看做是一樁天經地義的事，而很少自覺到實行法治之困難。需知，西方社會法治之發展是淵源有自的：「市民階級」的崛起是原因之一，教會之獨立是原因之二，地主階級之不能壟斷農民是原因之三。而歐洲大學發展為一自主性之單元，更為學術自由奠定了基礎，不必再仰賴於君主之鼻息。在這個基礎上，發展出科學的知識，而為現代技術與工業開了先路。

在美國，她的各種自主性的權力中心之根源——政教分立、教育自主、自由農、特別是獨立的商人階級——是從歐洲，尤其是從她的母國英國移植過來的。而大西部的開發運動更造成了新形態的自主性權力。在這許多基礎上，美國社會的上層階級遂得以不同的形式出現、成長，「顯赫者」乃可以獨立於「統治者」之外，而享受社會之地位與尊榮。

雷格斯說，在一些傳統性的社會中，一個人要想取得「顯赫」的地位是不必研究公共行政的，而是要熟悉另一些基本的價值與技能，諸如經典、文學、馬術和決鬥等等。這些訓練通常只有上層階級的家庭子弟才得從事。而在官僚治體中的成員則必是「君子」、「紳士」、「自然貴族」。至於技術專家，儘管為行政所需要，但都聽命於君子和紳士，這些君子或紳士不止有權，還擁有財富、學識及其他的尊榮。而在美國，假如有某一單一的團體壟斷所有這些價值，則被認為絕對的不公正，因此，政府高級的職位不只應該給予那些經由行政階層逐級上升的人員，並且還應給予那些基於才能的或專業團體的人員。

在美國，每一行專業，都有其自己的榮譽制度。譬如以學術圈來說，一種榮譽的授予，不只是承認某人為「學者」，且更重要的是承認他是一位卓越的物理學者、社會學者、心理學者，或行政學者等等。每一門專科，都有它自己「上升的階梯」（ladder of advancement），然後按其成就而給予酬榮。一個人要想成為一行政學的權威，就必須在他本行的小圈子裏享有盛譽，雖然行政學這個小圈子以外的人對他毫無所悉，亦無關宏旨。這一情形在某些社會恰恰相反，有些號稱國際知名的學人，儘管社會大眾對他崇拜如神祇，但在他本行的小圈子裏，則毫無地位可言。

美國的官僚結構中，有它自己特殊的「官僚階梯」（bureaucratic ladder），一個員吏必須經由這個階梯而上達。而此一「官僚階梯」與社會中的「非官僚階梯」是相應相濟的。一個公立醫院的外科主任，他是一官僚，亦是一專家，他在心態與行為上，一定把自己認同於私立醫院的醫生；他決不會以做官自居，亦決不會以官階來掩飾自己醫學上的落伍。雷格斯說，美國的行政團體與其他的職業團體並無二致。統治美國的並不是行政團體中的官僚，而是「非官僚的統治者」（non-bure-

aucratic ruler)，這些人卽是「政客」(politician)，他們是靠競選起家
的。因此，美國的「權力所有者」是經由代表的過程，而非依「考試甄
選」的過程產生的。而美國公共行政的結構在這裏又反映出統治階級的
分散現象〔金耀基，64: 24-25〕。

二、行政特質

英美兩國的行政文化，雖具有淵源的關係，而且也帶有某種程度的
相似性，但彼此的行政制度卻處於近乎相反的狀態，茲比較說明如下：

(一) 就公務員構成之成份 (composition) 言：英國注重通才，公
務員之招募以正規學校畢業者爲主，參加高級公務員之考試
者，不僅要大學畢業，而且年齡也有限制，考試之科目與大
學所開的課程相符合。但在美國則注重專才，公務員考試之
門對多數人開放，並不一定非要正規學校畢業不可，考試
之科目則以專業科目爲主。美國公務員之成分來自廣大的社
會各階層，而英國則甚爲狹小。

(二) 就公務員地位保障之法律依據來看，兩國雖無憲法上的明文
保障，但卻有其他法令規章之保障。在英國，文官制度是屬
英皇制度之一環，所以與公務員有關的法令規章完全以「樞
密院令」(Orders in Council)，或其他行政命令來規定
的；但在美國，立法機關與行政機關皆對公務員制度有管制
及規範之權，像國會通過的文官法 (Civil Service Act) 就
是非常重要的一項法令，而行政首長也可以「行政命令」
(executive order) 規範有關人事行政之事項。

(三) 就公務員參與決策之情況來看：英美兩國的高級文官皆能對
政府的決策制定扮演重要的角色，但是法律的限制卻不相

同。在英國,高級公務員可將其意見反映給其上司或部長,但必須遵守「無私及無名的原則」(principles of impartiality and anonymity)。所謂「無私」是指意見反映上去以後,不管將來的決定如何,都應忠誠的加以執行,不得因未予採納其本人之意見而疏忽職守;所謂「無名」是指提出意見之人應受上級之保護而不使之公開露面。但在美國,文官參與決策則較具有公開性,這雖然給予他們比較多的活動餘地,但卻較具危險性,而且上司與部屬的關係比較不清,文官可以參加國會的公聽會以辯護他的政策主張。

(四) 就整個制度的內涵看,英國現行的公務員制度足為貴族制的代表。依其實施,主要的內容和特色有以下幾點:(1)英國的公務人員除政務官外,普通行政人員劃分為行政級(administrative class),執行級(executive class),科員級(clerical class)及速記打字級(shorthand typists and typists class)四級;略與中國簡任、薦任、委任、及雇員相當。這四級職務或地位有嚴格的劃分界限,出身與考選均有不同,次一等級的人員絕難晉升於較高的等級。身份不能流通升轉,有似封建時代的貴族制。(2)英國各級公務員的選拔與任用各定有嚴格的教育資格及年齡限制。例如行政級人員的應考資格便必須大學畢業,年齡不得超過二十四歲。因此,無力在大學讀書者或苦讀自修的人便無從投考。事實上,只有上流社會的家庭子女才有投考高級文官的資格。這不免籠罩有濃厚的貴族氣氛。(3)行政級、執行級、科員級的選用考試內容皆以學校課程及一般教育程度為標準,並不考試職務上所須的技能。因之,非受有良好學校教育者決

難望入選。

這種人事行政制度實以不平等、重門閥、尚階級的貴族思想為基礎，和現代的民主精神不無違背，易遭受到一般人的批評與攻擊。但擁護這種制度的人，卻有其自己的說法。他們認為政府的職位，就其內容與性質言，有高下難易輕重的不同，擔任各職位的人，所需要的才具、學識、氣度、能力亦應當有優次高下的分別。各人因為先天的遺傳及後天的教育與修養亦有優劣高下的差異。大材大用，小材小用，高能高用，低能低用，方能事得其人，人當其用，而收適材適所之效。否則，大材小用，小材大用，或高能低用、低能高用均必造成極惡劣的後果。就此而言，適宜於低級職務者，自不必適宜於高級職務，自不可容其自由升轉。

反觀美國，美國現行的公務員制度則具較多的民主精神。這裏所謂民主精神，尚非指官吏民選或官職輪換等實施而言，乃指功績制度採行後的吏治設施。綜其要旨，約有三端：（１）美國各級類公務員的考選，其應考資格並無學校畢業資格的嚴格規定，亦無年齡的限制，故曾從事於其他職業的中年人，均有參加考試的機會。教育與年齡均放寬尺度或不予限制，廣開羅致之門，予人人以服務公職的平等而公開的機會與權利，實合於平民政治或民主政治的精神。（２）美國公務選用考試課目或內容純以職務上所需的特殊知識及專門技能為對象；至於一般的普通知識及教育程度均不在考試之列。投考者的知能可以從服務的工廠商店中或職業經驗上獲致之，不必於正式學校教育中求得。（３）英國的高級文官只有上層社會的青年，始有應考資格，貧寒子弟便無法進入。

美國對官吏階級的劃分，只著重性質的不同，技術的難易，尊卑觀念並不重視。社會比較平等，官吏不重高低，羅致之門大開，流轉之路暢通，機會均等，人人有份，確是民主與平等的。這種民主的人事行政制度，最大的優點是符合於民主、自由、及平等的精神。但同時，他卻具有以下的缺點：

（1）考選不定資格，不拘年齡，則在其他職業上失敗的人員可以轉入政府服務；且各人年齡、經驗不同，參差錯雜，良莠不齊，易使公務員品質低減，且無法造成所期欲的整齊標準化的優良堅強的公務員陣容。（2）公務員祇具專門技能與特殊知識，而缺乏一般的文化教育修養，均屬專家而非通才，易流爲『俗吏』而非『通儒』；其流弊所及，知偏而不知全，見樹而不見林，偏陂畸形，欠平衡的思想，過重本位，乏整體的觀念，枝節應付，則在行政的適應與創造上必感能力不足。以此而欲獲致高度的行政效率，自屬不易。（3）官吏在社會上無崇高的地位，人民對之亦乏特別敬重的喜好，故一些優良特殊的人才多向工商業界謀發展求出路，對於至政府服務不視爲求職立業的上選。因之，人才集中於工商社會事業，官吏的品質與水準不免受到影響。以此而欲建立人才的或賢才的萬能政府，自必十分困難〔張金鑑，68: 117-118〕。

（五）就整個制度的成就來看：英國的行政具有秩序性、平衡性、拘謹性、明確性等特點，公務人員的團結性也較強，形成了一種強有力的文官制度。美國的制度則較具有實驗性、動態性及內部競爭性等特點，但公務人員的團結性與共同意識則較差，因此不如英國制度之強而有力〔張潤書, 65: 493-494〕。

（六）就官僚特質看：假使我們將官僚組織 （bureaucracy） 暫時

界定為: 由一些角色所構成的階層組織，角色之間具有權威性的關係，可能也具有由上而下的控制關係，並以此作為區分官僚組織的依據時，那麼英美亦有實質上的區分，前者屬於職業性的官僚制度，後者則屬專精的官僚制度。專精的官僚制度用測驗專門知識的方法甄選新員。這些人在其專長的範圍之內，具有相當大的權威。上級官僚如果沒有具備同樣的專長，往往只好依照他們所擬的意見去做。再者，專門知識的發展和推進，大半是靠著官僚制度以外的社會力量，社會上有許多自立或半自立的學術團體，對知識的發展方向、標準、應用以及執業道德等，都有自己的規範。它們一方面提供官僚制度所必需的人才，但另一方面在無形中也分去官僚制度一部份決策的權力。

職業性的官僚制度則是一種很特殊的現象，它保持守護者官僚制度甄選新員的辦法，徵取一批所謂通才，但為使他們能夠應付日益專化的社會情勢，又再叫他們從實際工作中學習一些專門的技術知識。但社會事務愈來愈專精，許多已不是這些半途出家的官僚所能夠應付，因此又得挑揀一些受過專門技術訓練的人員來輔助他們。這種通才與專才混和的官僚制度，在社會功能專化有增無減的今日，似乎遭遇著很大的緊張壓力。它是不是一種過渡的形態，則不敢遽予斷定。

第二節　古典內涵的行政

　　古典內涵的行政制度，主要是以法、德兩國為代表。德國社會學家韋柏 (Max Weber) 所指的官僚制度 (bureaucracy)，實際上就是德、

法兩國行政制度的特質。

一、行政生態

　　在歐洲民主政體中的一連串主要趨向裏，最為顯著的便是行政權的增強與立法權的減弱，因而使傳統的三權分立發生根本的動搖。國會在基本問題上的提議權減少到幾乎半消滅的狀態。蓋因經由行政單位與利益團體干預下所制定的政府預算案，國會無法做重要的增刪；由於缺少研究機構與資料中心，議員也無法參考問題的正確資料與窺探各種有關力量的對抗，因此國會對行政權的控制也就日益困難與形式化，這些發展使歐洲政治制度的本質與政體的運作發生了根本的變化。

　　這種傾向最富有意義的具體現象，就是政府權力尖銳的個人化，政府直接由人民普選產生，以及基於預先信任制度的穩定政局。這種境界，固可以透過各種不同的政府形態與民主政治的價值而達成；也可以採用像英國的兩黨制度，經由反對黨來監督政府的體制；更可以如同美國總統制或像基於人民複決與大眾傳播的法國第五共和政體的運用而達成。

　　不過，在行政權的增強與個人化的背後，卻潛伏著一些陰影：一方面是由於專技政治的趨向，使得自由主義原則之一的「由業餘人士組成政府」的現象發生了問題。蓋因目前政治決策過程越來越需要專門技術，因此屬於通才的政治人士不得不聘請一羣專家與專門機構協助，結果使得權力逐漸移轉到這羣專技人員的手中，而使專技的效力取代了原來的代表制。另一方面，則是由於「多元政治」的趨向而帶來的陰影。造成這種傾向的原因與上述專門化理由相同，主要是在日漸複雜的社會結構中，多元政治提供了各種新生的力量，從而干預了各種權力中心的決策途徑。通常，這種現象大多直接透過政黨政治表現出來，也就是說

透過政黨來控制整個政治生活；或者間接透過各種利益團體的壓力活動而顯示出來。多元政治使得政治決策不再像傳統多數決民主政體中，祇繫於單一意志，而是繫於這些權力中心間的永久協調。就如眾所周知，這些權力中心一般都屬於寡頭領導與官僚制度，但是它們都是以團體意志為名，發號施令，所以這種傾向所達成的政體將有變成假民主政治（pseudo-democratie）的危險，我們可以稱之為「多元寡頭政治」（poly-oligarchy）。因此就該兩國的政治文化而言，有兩點是相同的：

（一）、兩國皆經歷了將近二百年的政治不安定，而政權更迭後的政治方向也變化無常，法國自大革命以後，經拿破崙當政，第三、四共和，直到戴高樂上臺之第五共和為止，政治一直處於動盪的狀態；而德國自從俾斯麥於1871年統一後，經歷了德意志帝國、威瑪共和、納粹獨裁，直到二次大戰後東、西德分治為止，也是一直未能獲得安定的政治。（二）、兩國儘管政治動盪不安的情形相同，但卻都維持了持久而統一的文官制度。普魯士的文官制度被認為是現代官僚制度的先鋒，不管德國之政治如何改變，其行政型態卻未改變。在法國，行政階層（administrative apparatus）一直是穩定而忠於執政者的。

二、行政特質

艾拉・夏坎斯基（Ira Sharkansky）曾將英、美與法、德兩種公共行政的特質，作了一次對比性的研究，其結論是：法、德兩國行政的上層官員都享有特殊的地位，與本國社會內其他行業分立；他們在最佳的高等學府接受長期的訓練，這項訓練幫助公務官員維護歷史性的上層階級背景，以及在他們的價值觀裏存有反民主的偏見，使得與下層社會隔離的公共行政，更受到自治政府週詳之行政程序的進一步保護。新官員的招聘是操縱於行政集團之手；高級的行政官是由行政機構內部的遞升

制度選拔。法、德兩國都各有行政法庭的制度，與民事法庭制度有明顯的區別。行政法庭審理普通公民對行政官不良行為的控狀，並審理涉及行政人員的官階、薪俸或養老金的案件。

在英、美兩國內，傳統的習慣是避免公共行政人員和其他行業的人員之間有清楚的分界，英美政府在補充新缺人選時，不管職位高低，都給以一般化的訓練，此點與法、德成強烈對比。不過，在選拔程序的一些細節上，英、美又各不相同。英國從各個聲譽最好的大學畢業生中選拔新血，而不是設立專業性行政人員訓練學校，從中選拔人才。美國則不然，它有一個更民主的傳統支持他們的觀念，那就是任何公民都適宜做政府雇員的職務。許多州和地方以及一些聯邦政府的職位仍然用政治性的獎勵來安挿那些獲得提升的人，而非以謀事者所受的訓練為選拔基礎。

由於高級文官在社會上享有殊榮，在行政程序中也有健全的法庭制度，而且政府高級官員又需接受特殊的訓練。因此我們可將其行政特質歸納為下列幾點：

(一) 公務員自認是代表國家的人員，所以是「官員」(public official) 而不是以「公僕」(public servant) 自居，對人民有很大的權威。

(二) 公務員具有永業化的職業保障，由考試進入政府後，可以做到退休為止，絲毫不受政治變動的影響；同時晉升制度也非常具有鼓勵性，外人很難自中間挿入，所以不會阻礙公務員晉升的機會。

(三) 公務員的招募制度與教育制度有密切的關係，只有接受過高等教育的人才有資格報考。過去的德、法兩國，能受高等教育的人不多，而且多半是有錢有勢家庭的子弟，因此使得招

募的範圍縮小，同時也使得上層社會及官宦之家出身的人佔據了政府大多數的職位。

（四）公務員在正式任命之前，要經過長期的職前訓練，在法國有「國立行政學校」（national school of administration），給以三年的訓練，包括專業課程、實習、甚至要到私人企業去見習；在德國也同樣施以三年至三年半之訓練。所以這兩國的公務員不僅要考試及格，而且還要在訓練過程中表現優異，才能正式成為公務員。由於過程之複雜與嚴格，所以德法兩國的文官制度實具有「半封閉階級」（semiclosed caste）的特質。

（五）每個公務員皆賦予明確之權責，一定之地位及安全的保障，但卻以法律制裁為手段，凡不能稱職者，可依一定的法定程序將之免職，但手續十分繁瑣及愼重。

（六）公務員的待遇及福利優厚，諸如家庭補助、社會安全保險及優厚的退休金等。

（七）公務員對政府政策之制定及行政計劃之參與甚為活躍，這是因為官僚制度的專業化（professionalization）及團結力（cohesion）所致。不管任何一個政權成立，都要借重他們在行政上的專業知識，所以德、法兩國對於公務員的政治活動並無太多的限制〔張潤書，65: 492-493〕。

第三節　邁向現代化的行政

邁向現代化的行政制度，主要是指日本的行政制度而言。日本自從明治維新以後，一切倣效外國，對於其傳統的「幕府政治」自亦加以大

力的改革，文官之甄募乃不再是幕府貴族們的專利權。以考試爲用人標準之制度於1880年開始實行，不過多係由當時「東京帝國大學」之畢業生包辦是項考試，所以形成了文官制度裏的「貴族形象」，同時，所有的公務員被認爲應當對「天皇陛下及天皇陛下之政府忠順勤勉」。並且享有依此而來的各種特權及地位。

　　但是二次大戰結束以後，日本的文官制度在美國的協助之下，開始有了現代化的趨向。新憲法中規定「公務員應爲全體服務，非爲一部之服務者」（第十五條第二項），從此公務員不再是天皇的忠僕，而變成了服務人民的公僕。此外，公務員在執行職務時，也改以「民主」與「效率」爲前提，規定以民主方式選拔並指導公務人員，俾能於執行職務時，發揮最大效率。對於國民，應保障公務之民主的及效率的運行。

一、行政生態

　　在理論上，連結人際關係的方法，從其形式似可分爲「縱」和「橫」的二種關係。前者如親子、長官部下的關係，後者如兄弟姊妹，同事間的關係。日本的社會羣體，其連結成員的方法乃是「縱」的關係。換句話說，「縱」的關係就是連結同時不能並列的成員間的關係。日本人所謂的「親分・子分 (oyabun kobun) 關係」是最典型的。（註：讀者有興趣的話，請參看 Hshino, I. Oyabunkobun: A Japanese Ritual Kinship Institution, *American Anthropologist*, 55, 1953。）相反地，「橫」的關係則是建立在同「資格」或可同時並列之成員間的關係，如印度的階級制 (caste) 便是。由於日本社會羣體的特色是「縱」關係，因此同一羣體內具有同樣資格的成員之間，也受了這種「縱」關係的影響，用種種的方法來強調其間之差別。具有同樣實力與資格的，就以年齡、入社年次、年資等等來劃分其間的差異。同樣的大學

教授，以就職的年月日來排其序列；同樣的外交官，譬如一等書記官與二等書記官之間，同期（外交官考試及格的年次）抑或前後輩而產生的差別遠非外界的人所能想像得到的。這種例子太多了，在此不擬一一列舉。總而言之，卽使同樣資格或地位的成員，其間也帶有序列之差。這種差異，往往比職種、地位、階級之差更重要。而在實際上，一個日本的社會羣體內，前後輩的序列常具有我們想像不到的重要功能。

序列的重要性往往沖淡了職種的差別。工商業聘用新人的時候，常常不分職種招募，等進來了以後才由公司分發，一個人通常必須經過好幾種不同的崗位。「職種」制度未能確立，當然「序列」就更發揮了它的功能。

此外，在任何一個社會裏，每一個人總是屬於由「資格」或「場所」而成的社會羣體。兩者在理論上雖可構成同一個社會羣體，但實際上，兩者往往是互相交錯，構成兩個不同的羣體。有的社會著重「資格」，有的著重「場所」，更有的二者功能互相牽制著〔Lebas, 1986: 263-265〕。

日本的社會可以說是個著重「場所」的社會。他們的「家（ie）制度」跟我們的很不同。以居住（residence）要素構成的「家」羣體，其成員間的關係，遠較別的人際關係爲重要。從別家嫁入的妻、媳的關係遠較有血緣關係而已出嫁的自己的女兒姊妹重要。卽使同胞兄弟，一旦分家，就變成他家的人了。另一方面，毫無血緣關係的人，只要入贅（有時對已婚的夫婦，卽使毫無血緣關係，也被招入繼承該家），就變成「家裏的人」了，較分出家之兄弟的關係更爲重要。在我們中國的社會，兄弟姊妹之關係則有很重要功能，且幾乎一生不變，這一點是很不同的。

這種著重「場所」的現象，在城市的生活也常可見到。日本人在向

別人介紹自己的社會地位時，總是把「場所」列爲第一要素，不管是工程師，或工人、事務員，總喜歡介紹自己說是某某公司的人。而別人關心的，也是先想知道那一公司之後，才打聽是工程師抑或工人等。很明顯地，在日本的社會，「場所」，譬如在此提到的公司，在構成羣體意識上居有很重要的功能，而個人的資格，則是次要的問題。這種羣體意識，在日本人往往把自己所屬的公司、行號、機關、學校等稱作「我家的」，稱對方的爲「您家的」的用法也充分地表現出來。把個人自己跟組織團體連爲一體的現象，可以說是文化的特點之一。此對行政而言，當然可以促進官僚組織的親和力。我們可以說，自從明治維新以來，日本的企業管理最大的特點是：勞資雙方間與其說是由於工作而結成的契約關係，不如借用資方強調的「有緣而結成的伙伴」，來說明較爲恰當，這種人際關係與夫婦關係並無二致。明治四十二年，後藤新平總裁提倡的「國鐵一家」的精神跟現在資方提倡的「愛社精神」是一樣的〔Durlabhji, 1983: 828-831〕。

　　再從行政文化的內蘊與外爍而言，日本行政文化的塑造過程亦值得一提。雷格斯曾把促成一個社會變遷的壓力來源問題稱之爲「發生問題」(genetic problem)。假如壓力主要是來自外部的則稱之爲「外發的變遷 (exo-genetic change)。反之，假如壓力主要是來自內部的，則稱之爲「內發的變遷」(endo-genetic change)。假如內外二種壓力的比重是相等的，那麼，我們稱之爲「均衡的變遷」(equi-genetic change)。爲了對這二個概念有所把握；雷格斯要我們先弄清楚「創造」(innovation) 與「適應」(adaptation) 二個過程的區別。所謂「創造過程」，是指一個社會自我創造或發明，而後復將其創造的東西形成爲這個社會的結構與行爲模式的一部份而言。當一個社會已經完成「創造」，而當另一社會與之接觸時，其「創造」的成果很可能爲另一社會所借取而形

成該社會的一部份，在該社會借取後，其社會結構或行為模式所作的一種調適過程，我們稱之為「適應過程」。從而，一個社會之日趨「繞射化」的過程如果主要是由於「創造」的努力，則我們又說它是基於一種「內發的力量」(endogenous forces)，其變遷之壓力是由內部(within)生長的。反之，一個社會若由於另一個「繞射化」程度較高社會的影響，而通過「適應過程」，終於轉變(transforming)的話，那麼，我們可說其社會之變遷是由「外發的壓力」(exogenous pressures)。至此，依雷格斯的特有名詞，我們可以把一個經由內發力量而趨向「繞射化」的稜柱社會稱之為「內發的稜柱系統」(endo-prismatic system)；而把一個經由「外發壓力」而趨向「繞射化」的稜柱社會稱之為「外發的稜柱系統」(exo-prismatic system)。

如前所述，「過渡社會」之轉變力量大都來自社會中的「秀異份子」，而他們之所為則為模倣「繞射化」程度頗高的型模（如現代的西方型模）。從而，這些社會之轉變的力量是來自「外發的壓力」，那麼我們可稱之為「外發的稜柱系統」，當代的非西方的社會如泰國、印度、中國均屬此一範疇。至於，現代化前期的歐洲社會，如十九世紀前的英國、法國、荷蘭等，其工業革命，科學技術革命的種子都是內發的，社會變遷的動力不緣於「秀異份子」，而緣於「中產階段」(middle class)，他們的企圖不在「全心全意地」或「全盤地」同化於別個社會，而是站起來向貴族挑戰，逼他們放棄特權，而使之就範於憲法的約束 (constitutional constraint)，再激起社會內部的更新。所以，他們一系列的努力都是內發的，我們可以稱之為「內發的稜柱系統」。基於這個認識，我們知道今日過渡社會最後可能獲致的「現代化」，將極可能與當代西方的現代化完全是二個面目。

雷格斯在這裏又小心地說明，上面所陳示的並不含有任何「目的論

的」或「命定論的」色彩。同時，「內發」與「外發」之間也並沒有「二極概念」(polar concept)，決不是可以楚河漢界地劃開來的。我們在「內發」與「外發」二個極端之間正可以裝得下各種程度的「創造」與「適應」的混合型態的社會。雷格斯並相信，在世界上，大多數處於社會變遷狀態中的社會，都是這樣的混合物 (mixtures)，假如我們硬要找出一個社會，其變遷的動力同時緣於「內發力量」與「外發壓力」，並且，這二個力量又是半斤八兩，不分軒輊的，那麼，我們可以稱這個社會爲「中庸的」(meso-genous) 稜柱系統，當然，這樣的社會是經驗地不存在的。爲了使概念明確化起見，雷格斯提供了一個圖解加以說明。如圖 3-2 所示，橫座標從左到右，表示內發力量之強化。縱座標從下到上，表示外發力量之強化。曲線 I 表示高度的「繞射化」，曲線Ⅲ表示低程度的繞射化，曲線Ⅱ則表示中程度的繞射化（即稜柱型模）。

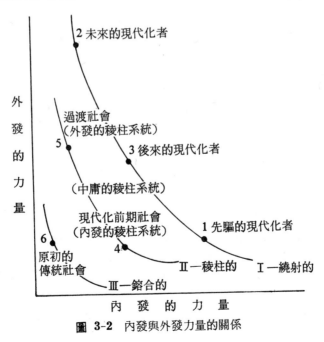

圖 3-2　內發與外發力量的關係

位於點 1 的社會，代表第一個靠強大的內發力量，達到高度繞射境界者（如英國）。位於點 2 的社會，代表一個基於強大的外發壓力而臻致高度繞射境界者（當代並無實例可舉）；位於點 3 的社會，代表一個綜合了內發與外發力量而晉於高度繞射境界者（日本或可爲例）。

位於點 6 的社會，代表這個社會的內發與外發的力量皆微不足道，而仍停留在低度繞射境地者（目前許多部落社會屬之）。

位於點 4 的社會，代表這個社會之達到中度繞射境況，主要是由於內發的力量（現代化前期之歐洲社會歸之）。我們稱之爲「內發的稜柱系統」。位於點 5 的社會，代表這個社會之達到中度繞射境況，主要是由於外發的力量（泰國、菲律賓、埃及、印度、中國均歸之），我們稱之爲「外發的稜柱系統」〔金耀基，64: 163-166〕。因此，就行政文化的塑造過程而言，日本乃代表了一個綜合內發與外發力量，而臻於高度繞射境界的行政文化。

二、行政特質

日本的行政文化，既然是代表著一個綜合了內發與外發力量而晉於高度繞射境界的社會，因此，統觀其在傳統與現代化的適應過程中，似可將其行政特質歸納爲下列幾點：

（一）日本的公務員考試制度以判定有無執行職務之能力爲目的，對於高級文官考試特別注重法律知識，而高級文官之成員又以「東大」畢業者最多，由此可見日本之高級文官僅可以代表少數社會階層，仍具有「貴族制」之傾向。

（二）日本公務員熱中於政治參與，他們的重要性正因爲政府組織日趨龐大及立法功能的相對減弱而大爲提高。最近之趨向顯示，日本高級文官與自由民主黨之關係甚爲密切，甚至有人

指控執政的自民黨有以黨派之異同而對公務員予以不同的待遇。

(三) 退職或退休之公務員，對於競選公職甚有興趣，這也是日本公務員與政治關係密切之另一形態。1959年的統計顯示，眾議員中有百分之一八、參議員中有百分之三二是曾任政府文官者；而從1954～1961年間，內閣成員中也有高達百分之三五是過去的高級文官，而這些由文官變成政治人物的人，竟然近乎全部皆爲自由民主黨黨員。

(四) 日本的社會乃是一個高度著重「場所」的社會，將個人自己和組織團體連爲一體的現象，可說是日本文化的特質之一。其對官僚組織的影響之一，乃是塑造了「日本式情感交流的永業制度」(career system)，其公務員一旦被派任之後皆願守株一部，不願調往其他機關，只要被分發至某一機構，他就認定是此一機構永久的一份子，決不願調往他部。大多具有高度的羣體意識，對官僚組織的認同心極強〔Heady, 1979: 50〕。

(五) 由於日本社會的縱向關係極度被人所強調，因此其官僚組織也受了這種縱向關係的影響，用種種的方法來強調其間的差別，具有同一資格或地位的成員，就以年齡、年資，甚至以任職的年月來劃分其間的差異。這種差異，往往比職種、地位、階級之分別更爲重要。因此，在其官僚體制中，前後輩的序列，常具有我們想像不到的重要功能。

第四節　極權效率主義的共產行政

就目前世界各國之政治功能表現而言，蘇聯可爲此制的代表，而所有共產集團之國家皆可列入此類。在極權型態下，人民參與之機會絕無僅有，政府機關及國家議會實爲共黨御用之工具，行政決定則爲黨之意志的形式化或合法化而已。這種政權統治的最顯著方式就是建立雙軌的官僚組織 (dual bureaucracy)，以使各層黨組織，與政府組織平行，並且至少在理論上，前者負有監視後者的義務。對極權國家的這種統治方式，學術界早已有詳盡的研究，惟對那些採取獨黨統治但並沒有實行極權政策的國家，卻尙未見到高水準的研究報告。

單從官僚機構的運作與效果講，我們認爲這兩種統治形態雖然表面上頗相似，但實質上可能呈現很大的差異。共黨極權國家的黨組織一般都非常嚴密，黨員多經過很嚴格的訓練，多抱有爲理念不惜任何犧牲的狂熱。因此，如果黨組織與政府組織能够嚴明分開，以黨監視官僚，官僚向黨負責，職權分明，這樣的統治，雖然我們非常反對它的價值，雖然它的目的偏差，手段毒辣可怕，但是常具有相當大的辦事效率。換言之，在民主國家，官僚應向人民或民選的代表負責，但在共產極權國家，官僚則向自稱爲代表人民利益的黨機構負責，兩者都有官僚以外的組織在監督其行政責任，使他們不敢妄存苟且偷安的心理〔Riggs, 1964: 122〕。但是如果像在亞非獨黨統治的國家，或是因爲黨的組織欠嚴密，或是在各層黨組織與政府組織之間，人事與職務界分不清，卽由黨組織監督官僚的理論，很可能演變成黨棍與官僚互相干擾，或狼狽爲奸的現象。在這種情形之下，官僚們多先搞好黨的關係，而後便放心利用職權以自肥，把國家與人民的利益拋諸腦後了。

一、行政生態

共產主義國家由一個發展中的行政制度過渡到集權專制，本身一定會發生很多問題。列寧曾惋嘆道：「1917年以後的五年之中，共產黨對於黨的有效控制只及於高階層少數幾千名黨與政府的領袖。」他曾一再強調：「政府下層還有數十萬舊有官吏與沙皇時代的中下級官員，他們有意無意的在反對我們。只有以長期普及教育才能使蘇聯集權政治建立一個新而忠貞的官僚制度，也才能使公安人員與黨對於一般官員監督的繁重工作告一結束，使繼承舊沙皇制度的企圖得以避免。」研究蘇聯的報紙，就不難明瞭官僚人員與黨工人員之間有一種眞實的角色衝突存在；馬克斯主義的社會分析家們，事實上，從不接納韋柏的官僚組織的觀念，而只將官僚組織觀念，用之於一種非動員性的行爲分歧之上。

在蘇聯，官僚化的觀念，是在史達林死後，才開始顯得更爲明確。這裏有一點須作交代的，就是多頭主義的因素於此時開始滲入，雖然這種滲入是機構性的，而非基於分類及羣組的構成而來的。再者，更重要的是，蘇聯行政當局的角色已有顯著的保守氣息。有許多在開頭兩個五年計畫的時期，顯然是政治動員者，於今，爲了時代性及其他理由，卻變成反對改變現狀的支持者，因而就扮演了更顯然的官僚角色。赫魯雪夫的領導與地區分權化及權力移向省區之計劃間的衝突，很清楚地表明了政黨已普遍地由注重動員轉而注重官僚的行政管理了。

一個集權行政一旦獲得充分的發展以後，就將成爲整體集權政治最重要的一環。蘇聯政策的決定多數是由部長會議、政府行政機構與各種設計委員會提出立法建議，然後由最高蘇維埃通過。共產黨的中央政治局固然是政策的最高決策機構，但是許多由黨決定的政策並未完全經由立法而實行。實際上，決定政策的程序是由部長會議主席來作決定，最

高蘇維埃從未予以否決。關於國家行政，在高階層是與黨的統治密切配合；在基層，則由黨所控制的行政機構來負責。行政機構中人員的選擇與調換，完全是在黨的監督下進行，黨堅持要每一名文官都有思想上堅貞的承諾。威斯基（A. Y. Vyshinsky）認為蘇維埃聯邦共和國根本無所謂官僚制度，事實上是一個管理國家經濟活動，完成社會主義利益的公僕。由於馬克斯無政府主義的偏執，蘇聯官方對於行政的態度乃極曖昧不明，對於威脅蘇維埃行政的官員進行定期清算，卽使政府高級部會的首長，也經常因為黨的路線變化或小的行政錯誤而遭淘汰。

蘇聯的行政制度極端集中化，雖然在赫魯雪夫上臺以後，為了適應當時經濟需要而對經濟政策作了若干讓步，將經濟管理制度地方化，但是蘇聯的行政制度仍是高度集中化的。根據納粹領袖制度的原則，蘇聯的部會首長經由政府與黨賦予絕對的權威與責任，以處理其權責範圍內的事務，但是他們也因部下的失職而受牽連處分與責免。原則上,「民主集中制」是由大量有組織的羣眾參與政府行政，地方各級蘇維埃人員聽取他們的意見，每一階層蘇維埃部長會議主席對各級蘇維埃會議負責。由上而下直線式負責，與各蘇維埃間平行的責任是相輔相成的。

對於行政的控制，主要是經濟方面的稽察。國家安全人員（K. G. B.）幾乎遍佈於每一工廠與政府各級行政機構，目的在防止各種失職、貪污、舞弊與叛逆，有權對各種行政工作隨時加以干涉。秘密警察是政府的秘密特務與通訊網，但在政府行政機構中卻是令人驚奇的公開，例如青年團（Komsomal）卽如此。秘密警察視行政安全事務為己任，經常公開批評政府行政人員浪費與懈怠。黨的新聞機構與報紙對於行政的批評也不例外。蘇聯這個秘密警察國家對於行政官吏私生活的監督也不放鬆。

雷格斯曾聲明，高度生產力的獲得並不是必需經由一個自由的市場

制度而設計的，譬如蘇聯，一切都由國家管制，但她也並非不能增加生產力。不過，話得說回來，行政的費用，在一個國家化的經濟制度下卻常不比在一個自由的市場制度下爲小。事實上，公營企業的行政費用常常可能較之在一「市場取向」的社會中爲大。可是，無論如何，不管在一個嚴格控制的工業國家裏，或在一個充分自由的工業國家裏，理性、效率和技能對於行政官署之重要性是並無二致的。雷格斯認爲，國家與公共行政在一個工業發展的社會裏，常常也能擔負起市場的功能——卽有效地運用資源，以達到特定之目標。他說美國雖然把市場作爲一個綜集貨物與勞務的主要制度，但她仍不能沒有公共行政，以補市場制度之不足。反之，蘇聯雖然把綜集資源與勞務的任務放在公共行政的身上，但她卻依然不能不通過並運用市場機構，以補政府之不足。

我們所應普遍了解的是，任何一個工業發展的社會，都必須依賴一個功利的、理性的制度，以支持其經濟。對於一個工業社會來說，市場經濟與行政官署都是必要的。深一層看，倒並非市場本身，而是工業化的結果，逼使現代社會必需有一個理性的，「才能取向」（achievement oriented）的公共行政制度。

雷格斯討論到蘇聯的行政時又說：蘇聯在一黨統治下，一般人以爲會社是沒有什麼角色可扮演的，但事實上，情形卻正相反。雖然蘇俄的會社不及美國爲多，但有些會社或更龐大。不過，二者的主要功能卻是完全不同的。美國的會社主要是爲了回應他們會員的需要而自然出現的；而蘇聯的會社則是爲了國家的需要而創設的，用史達林的話來說，它們都是「輸送帶」（transmission belts），亦卽把政府與黨的需要輸送到人民身上去，雷格斯說蘇聯的經驗強調了會社與政府關係的兩重性格——影響是可能從一個或兩個方向傳遞的。並且，他說我們不能相信蘇聯會社的溝通只是單軌線的，不管它們的範圍與功能是如何的有限，會

社的溝通總亦有雙軌的作用，事實上，有些蘇聯政府官員的敏感性已察覺到，假如他們想使自己的願望得以順遂達成，他們也應該透過會社的溝通線，以回應人民的希望。

二、行政特質

在蘇聯，除非是最高的層級，政黨官僚組織依然比蘇聯政府中的官僚組織在相等的層次上，有較高的地位、權力及影響力，而且似乎也為社會動員提供一種更好的通道。比起英法二國，蘇聯的中央政府官僚組織之行動及主動性，似乎更受局限，其社會地位因而也多少受到限制。我們可將其行政特質歸納為下列各點：

（一）政府非由民選而產生,政策非由公意而制訂,其領導階層為一極小之團體,而彼等地位之取得率由自封（self-appointed）。

（二）國家機構全由共產黨控制，政府與政黨雖然有兩種不同的系統，但這兩種系統彼此相通，凡是政府機構必有一與之平行之共黨組織加以控制或指導。

（三）雖然共產主義曾以「國家消逝論」而避免建立強而有力的文官制度，但事實上卻不能避免，所以當史達林當政時，乃建立了中央集權式的文官制度，此一制度對於技術及行政人才甚為重視，造成了「管理能人」（managerial elite）的行政制度。行政組織龐大而嚴密，而且分工十分細密。

（四）蘇聯的行政人員如欲保持其地位，必須對黨忠誠，做事有效率，他們在多種控制下運行，形成了十分濃厚的「一致性」（conformity）。集權的官僚制度可能採用專精的或職業性的官僚制度徵取人員的辦法，但為著功能的集中化和嚴密控制起見，它要求官僚們除具有適當的能力資格外，還必須對

決策中心以及現行的主義理念表示絕對的忠忱和擁戴。有時候，它爲求思想的統一或理念的完整，甚至不惜犧牲專門的科學知識或具有這種知識的人才。在組織裏，上下層官僚關係緊密，一級監督一級，各級官僚們就像玻璃珠子被一條繩子串穿起來，個人毫無自由活動的餘地。

(五) 蘇聯文官多自大學生中較爲優秀者加以挑選而任命，不必參加考試，其甄選之細節並無法規明定，但對於工作性質、薪水、免職等卻有全國一致之規定。惟在選用中又以政治警覺性、及其家庭背景爲考慮之優先條件，一經錄用，待遇較其他職業之人員爲優，但如觸犯法令規章，其懲罰也重。公務員一切依法行事，缺乏自動自發的精神，但在某些國營生產事業機構中的管理人員，卻有較多的自由裁量權，凡是能够提高產量的管理方法，　上級多予以承認〔Heady, op cit.: 52-57〕。

參 考 書 目

江炳倫：《政治學論叢》，作者自行出版，民國62年元月初版。

金耀基編譯：《行政生態學》，臺灣商務印書館，民國64年四版。

張金鑑：《行政學典範》，中國行政學會印行，民國68年7月重訂初版。

張潤書：《行政學》，三民書局印行，民國65年5月初版。

Almond, G. A. & Verba, Sidney, *The Civic Culture*, Princeton: Princeton University Press, 1963.

Durlabhji, Subhash, "Japanese-Style American Management: Primary Relations and Social Organization," *Human Relations*, Vol. 36, No. 9, 1983, 827-840.

Heady, Ferrel, *Public Administration: A Comparative Perspective*, New Mexico: Albuguerque, 1979.

Lebas, Michael, "Management Control: The Roles of Rules, Market and Culture," *Journal of Management Studies: Organizational Culture and Control*, Vol. 23, No. 3, May 1986, 259-272.

Riggs, Fred W., *Ecology of Public Administration*, New Delhi: The Indian Institute of Public Administration, 1961.

_____, *Administration in Developing Countries: The Theory of Prismatic Soceity*, Boston: Houghton Mufflin, 1964.

_____, *Prismatic Society Revisited*, New Jersey: General Learning Press, 1973.

Sharkansky, Ira, *Public Administration: Policy-Making in Government Agencies*, Chicago: Rand McNally College Publishing Company, 1975.

第四章　發展中國家的官僚組織

發展中的國家，大多是指二次大戰以後，世界上所出現的諸多新興國家，以及原有的一些比較落後的國家。他們努力於國家的建設，尤其是在社會經濟（socioeconomic）方面的改進，更給人以深刻的印象，因此許多人乃將這些國家名之爲「開發中的國家」，也就是指由傳統走向現代化中的國家。他們不再是傳統的，但卻尙未完全「現代化」，雷格斯教授曾稱之爲「過渡型」（transitia），用以與「農業型」（agraria）及「工業型」（industria）相區別。此類國家的一個最爲顯著的特徵，卽在於它的社會是由甚爲分離的各種集團，諸如種族的，社羣的，種姓的，宗教的，或語言的團體所組成；而且各個團體彼此之間，以及對於整個國家，均少有認同的意識。很多社會科學家，曾試圖描述和分析所謂「多元文化」（culturally plural）的社會動態，以便測定文化多元性的不同程度，以及其與各種社會經濟的問題和政治發展的關係。其間所指的多元文化，卽指此種社會而言。

第一節　官僚組織的政治功能

關於官僚組織的意義，以德國社會學家韋柏（Max Weber, 1864-

1920) 的解說最爲著名，而且也最常被人引用討論。韋柏是用所謂「理想型」(ideal type) 的方式來敍述官僚制度的特徵，完全是憑其一些經驗的因素和邏輯的推論，再加上其智慧的想像所形成的一種概念結構。此種理想型的組織型態，在現實社會中，根本不可能存在，它不是描寫現行某種官僚組織的實際情況，而是假想一個由發展而成熟且循照理性原則運行的官僚制度，所應具有的特徵。依照他的看法，一個現代化的行政組織，至少應具有下列的各種特質:

（一）高度的專業化分工。

（二）層級節制的組織體系，此種體系，確定了人員間命令與服從的關係。

（三）組織成員間的關係，係「對事不對人的關係」(impersonal relationship)。

（四）人員的選用，係根據個人的能力和技術知識。

（五）明定人員的工作報酬，及其他獎懲和升遷制度。

除了上述者外，假使想進一步地探討其他特質，並進而尋求其彼此間的關係時，那麼我們不難發現一個共同的，而且相當普及的要素，那就是整個組織的控制體系，皆植基於一連串的法規。而這些法規，則是在擴大組織效率的目標下，根據技術知能所訂定的，用以規範組織的結構和運行的過程。正如韋柏所說的: 「機關組織的根本意義， 就是根據知能所作之一種控制的運行， 其最大的特色， 就是要達到高度的理性。」〔彭文賢，69: 8〕

韋柏並且認爲，官僚制度在人類社會統治或管理的演進史上，是出現較晚的一種方式，但也是最爲有效的方式。在官僚制度出現以前的統治方式，是以族長爲本位的老人制 (gerontocracy) 和世襲的家產官僚 (patrimonialism)，個人的世襲地位決定一切，並不重視個人的成就和

表現。在這種情況下，效率和效能都很低，能够完成的事務範圍極爲有限。在西歐，純官僚制度出現頗晚，直到公元十六世紀以後，才漸漸在普魯士建立起來。並且，有許多學者相信，歐洲官僚制度，有許多特徵是從中國間接流傳過去的。

當然，事物之優先順序必須予以正確地瞭解。官僚組織的發展並不先於特定利益的成長，而是特定利益的叢生誘發了現代官僚組織的出現。這個認識是很重要的，因爲唯有透過此種認識，才能够將高度發展的社會與開發中的社會，進行某種程度的區分。在很多開發中社會的集權行政結構，乃是在經濟發展、結構專業化，以及角色細分之前，即已進行運作。從此點衍開出去，開發中國家的官僚組織，顯然與韋柏所建構的「理想型官僚組織」大相逕庭，在某種程度上，似乎較接近英國政治學者拉斯基 (H. D. Laski) 的貶性描述，亦卽：「官僚組織乃一名詞，通常用以表示政府的制度。在此制度中，其控制權完全操在官吏手中，以致權力癱瘓，人民失去自由。這種制度的特色，乃是喜愛順理舊章，犧牲統治彈性，使事務僵化，決策遲緩，拒絕從事實驗，在特殊例子中，其組成份子，可能爲其利益而控制政府，成一世襲階級。」

一、官僚組織的政治角色

發展中地區的政府，與先進國家的政府比較，往往不能不顯得更積極些。人民也多期望政府扮演較主要的角色，以期國家快速現代化，並儘量發揮現代工業所賦與的潛能。因爲這個問題本身的複雜與艱巨，往往造成政治領袖掌握極大的政治與經濟權力，在這種情形之下，就不容易辨別甚麼是有力有效的政府，甚麼是專制的政府。爲達到富國強民的目的，政治領袖可能採用一些侵犯人民自由或其他違背人文價值的作風。一個常聽到的說法，認爲專制政府因爲能够保持政治安定，所以能

够迅速達成目的。因爲專制政府能達成任務，所以在發展的初期，便無可厚非。

在新興的國度裏，官僚份子所以佔據如此重要的地位，可用下面四點理由來解釋：

（一）在許多傳統國家裏，他們擁有悠長的歷史背景，一向被認爲是國家最高權利的代表。社會上沒有別的機構或階級可與之相抗衡。在「學而優則仕」的觀念之下，他們被認爲是唯一受過高深教育或學識最優良的份子，不但可畏，而且可敬。雖然現代教育已經逐漸普遍，專業的種類愈來愈多，受高等教育的人士並不一定都投入官僚機構服務，但是在舊觀念尚未全被澄清之前，社會上還是常以官僚地位的高低，評定學問的深淺，至少官僚們常自以爲勝人一籌。

（二）在殖民時代，最高的決策，大多是被緊握在帝國殖民者手中；但在有些地方，尤其是英國統治過的屬地，殖民主義者曾經甄選當地一批知識份子，施以甚嚴格的訓練，作爲行政事務的佐理。這些地區獨立以後，上述一批人便成爲建立新秩序的中堅。例如印度、巴基斯坦和馬來西亞、新加坡等地的高級行政官，便是以精練能幹、奉公守法而負盛譽於全球。

（三）在許多區域，政變頻繁，社會秩序所以能够維持下去，完全是靠著大部分中下層的官僚份子，隨機應變來撐持門面。在這種情形下，官僚機構的實際權力，往往要比法條文字所規定的大得多。

（四）新興國家在獨立之後，不但百廢待舉，事務繁忙，而且在現在民族主義和社會思想的影響之下，政府所管理的任務，擴延至社會、經濟、勞工、衞生等各方面，官僚機構自然愈來

愈顯得重要了。前面提過，近世官僚機構組織日益龐大，官僚在全國人口總數的百分比中逐漸提高，乃是全球各國一致的趨勢，在新興國家，這種趨勢更加顯明突出〔江炳倫，61: 171〕。

在由殖民地獨立的國家，由於開始現代化較遲，官僚制度之與政治歷程的關係，更爲密切。它不但使基礎廣大的社會團體，參與高階層的中央政治歷程，而且也協助統治者取得統治的合法基礎。在這類國家裏，官僚組織之介入政治歷程，可從下述幾方面去觀察。

第一、在這類國家中，許多官僚組織本身，除了爲行政決策部門的執行機構之外，其本身也是行政決策部門或其中的一部分。換言之，它也擔任了草擬、決定及實施政治的目標，並頒佈主要的政策與訓令。除了行政首長之外，在許多國家裏，它是唯一能夠塑造明顯的政治或行政目標的機關。

第二、在這些國家中，官僚組織通常爲主要的政治管制機構。有時它可能與其他寡頭的團體聯盟，而成爲非常重要的壓力團體或利益團體，在某些拉丁美洲的國家中，即有這種情形。因之，在這類國家中，官僚組織或可完成各種的政治功能，而且也可像政黨、立法機關一樣，成爲各種政治活動的中心。但由於這些活動的存在，它一方面固然可以協助建立現代政治的基本體制，但在另一方面也可能會阻礙了自主的、多樣的政治活動，以及政治團體與政治定向的發展。

第三、這些新產生的官僚組織，也是各該國家社會變遷（social change）與政治社會化的主要工具。其創立是放在普遍性與職務分化的基礎之上的。但在這些國家中，由於大部分的人民，依然生活在傳統定向與社會制度（如大家庭制度）之中，他們的角色地位與權利義務關係，都是由傳統團體來安排，或依照個人的關係來界定的。所以，增加

民眾與政府機構的接觸，可以作爲更爲廣泛之政治社會化的途徑。民眾之能適應新的政治體制，大部份要依賴在這種接觸之中的成功學習。由於這一原因，常常迫使官僚組織不得不在其本身的特殊職務之外，擔任起社會與政治方面領導及敎化的角色。這就是爲什麼使得它能有效地改變一般人民行爲的緣故。也由於這一種需要存在之故，才使得行政官吏活動的範圍溢出其原有目標，而滲透到家庭、親族，以及更廣泛的社羣生活方面。

雷格斯指出，假如我們把「行政官廳」作爲分析焦點的話，那麼我們也可以用重疊的觀念把「稜柱型」與「繞射型」加以區分。在繞射社會中的「官廳」，我們稱之爲「官署」（bureau），官署中行政行爲是受「理性」與「效率」所支配的。而在稜柱社會中的官廳，雷格斯稱之爲 Sala （字面意思是一間巨型而重要的房間或大廳）。在 Sala 中，行政行爲亦不是不受理性支配的，正如在 bazaar-canteen 中一樣，經濟行爲亦不是不受理性支配的，但是「沙拉」（sala）官僚卻同時承擔並反映許多「非行政性的考慮」（non-administrative consideration）。

要了解稜柱「沙拉」的模型，有二件事情必須弄清楚。一是「沙拉」的人事制度，二是「沙拉」的財政狀況。

二、「沙拉衙門」的人情行政

稜柱社會之人事制度並無標準化的常規。傳統以「身份」作爲取捨標準的情形已經破壞，新的「同工同酬」和「職位分類」等制度又尙未建立；稜柱「沙拉」的人事制度旣不以「理性」的標準爲取捨，又不以傳統「身份」或「品位」的關係來衡斷，因此代以「沙拉」的官僚來論其人事問題。

㈠歸屬取向的取士標準

在傳統的官僚治體中，原級組織及歸屬關係二者，乃是取士的主要標準；至於現代化工業社會的官僚治體，則是以「理性化」的態度來取才。但是在稜柱社會裏，卻大大的與前述二種相異，它一方面由於非行政的因素而影響了行政行為的理性化與形式的標準；另一方面，它又受到巨大的家族關係與「特異稜柱團體」（clect）的力量所壓迫，使得稜柱官僚蒙上一層必須對家族忠誠與盡義務的色彩。因此這種稜柱社會的官僚制度是「高度特殊化的」。在這種制度（體系）下，官員對親友幫忙的義務是無窮盡的，雖然有時與他公務上的責任相互衝突違背，但其對親友們找工作、尋出路的責任，則與他執行政府政策的責任卻一樣的重大。無怪乎雷格斯說，稜柱「沙拉」中官方的義務與家族的忠誠，二者交互關係下造成了明顯的「引用親貴」（nepotism）的現象。在傳統社會中所有秀異分子的甄拔都是建立在歸屬的基礎上，根本談不上是「引用親貴」。「引用親貴」的問題只有在稜柱社會之一方面講求行政的「績效原則」，另一方面又基於家族關係的制度下才能產生。所謂「內舉不避親，外舉不避仇」，在稜柱社會中是最為響亮的口號，其實，「不避親」是常見的，「不避仇」則大有疑問。雷格斯也提到，在美國這種現代化的國家，官員們對於家族的義務並不是沒有，但卻十分薄弱，同時幅度也很小，不像稜柱社會之「一表三千里，同宗五百年」的強大壓迫感。

除了同宗關係外，其他同鄉、同窗、同僚的忠誠與義務也同樣地對行政產生了決定性的影響力。尤有進者，當社會開始流動而又尚未能化合之際，所引起的多元化社會與分歧化意識的「特異稜柱團體」，也一再的使得稜柱「沙拉」受到非行政因素的干擾。固然由特異稜柱團體而來的壓力並非為特殊個人安插工作，但是卻要為他們的團體利益考慮。這種稜柱壓力（prismatic pressure）的性質不是特殊性的，但卻是選擇

性的，譬如，政府常有爲某一團體利益而犧牲另一團體的政策出現。總之，「沙拉」模型中選擇性的甄拔 (selective recruitment) 也是它的另一基本特質，並且在非行政因素中有它相當的分量。

　　㈡官僚權力的多重面向

　　鎔合與繞射社會之官僚權力和稜柱社會的官僚權力，成爲兩個不同的極端。前者官僚權力相當受限制而脆弱，而後者之官僚權力則十分強大。

　　在繞射社會中，爭論不已的政治與行政功能問題，雷格斯將它作一確切的界定，即政策的制定需按照「政治理則」的規定來作成，而且政策的執行者——官僚，尤其需要一板一眼的遵照法律規章。不論是執行政策前的令諭或執行後的稽查準則，都以法規的依據來行事。因此，繞射官僚們，無法心隨所止，任其所好的來推行公務，而是必須事事於法有據。同時，繞射官僚的崇法守分，被視爲當然。在民主的政體下，官僚固應遵守法規，而在集權的官僚體制下也沒有例外。他們視政府機構，是一個公共器具，或是行政機器 (administrative machine)，在政治舞臺上並無自主活動的場所。

　　在鎔合社會中，官僚組織的力量，由於功能普化的原因，使得不易辨認他們的權力何者是政治的，何者是行政的。不過，鎔合社會官僚權力的脆弱，則與繞射官僚類同無異。鎔合社會中，政府的一切行政措施，絕大多數，是遵照統治者個人的意旨，執行令諭的官僚，並無參入個人意見於決策的可能。所謂「旰衡時局，參覆至計」，在鎔合社會中，並無一種制度化的成規來保持官僚權力的力量。尤其統治者，得自歷史的教訓，堅信官僚權力的壯大，勢將威脅統治者的政策，所以鎔合官僚權力的不能擴張亦成爲其一大特色。

　　至於在稜柱社會中，官僚權力不但較爲強大，而且也相當的錯綜複

雜。以下將再就稜柱官僚權力的多重性，作一討論：

1. 稜柱官僚與政治勢力的相互干預　在稜柱社會中，外生的功能專化官僚組織，逐漸的被引進到原有的官僚制度內。它們一方面必須力求適應這種外來的新型式；另一方面又必須將原有官僚制度重新調整。這種官僚治體之分化過程，導致官僚權力的不斷擴大。因為功能分化的官僚治體，必須要有一批具備專門知識的官僚來負責，官僚的重要性因而提高。同時，傳統官僚權力下的政治與行政不分，使得稜柱官僚擅用權力。雷格斯認為，隨著稜柱官僚權力的強大而來的現象，就是行政效率低落，蓋稜柱官僚們不僅是一個行政人員，而且也是政策決定的影響者。

   以政治方面來看，在稜柱社會中，通常一個政客，不僅千方百計地設法影響政策作成，而且也一心一意地想要侵入政策執行的層面。雷格斯將這種官僚權力杯葛政治，以及政治侵擾行政的情況，稱為「相互干預」(interference complex)。

   政治行政相互侵擾的現象發生後，最大影響是行政效率的大大降低。雷格斯曾言，官僚權力的崛起，乃意味著政治的衰落與行政效率的降低，其結果必將導致官僚之間的鬥爭與奪權…。由是觀之，稜柱官僚與政治之間相互侵擾，乃是稜柱官僚權力多重性的第一特點。

2. 政黨政治形式化與官僚主義的擡頭　在政黨政治的繞射社會中，執政黨雖然不是甄補的唯一工具，但卻是支持與指導政府官僚行為的主要來源，而且執政黨的決策也往往與政府施政方針相重合。同時，反對黨也時時刻刻監視執政黨的一舉一動，並且極力去挑出其弊端與缺點，而後揭發執政黨的隱痛。是故，政黨在繞射社會中，非但是一個控制官僚的利器，而且也是一個官僚化的永久

性組織 (organizational structure of bureaucratic duration)。在稜柱社會中，政黨所代表的意義迥異於前述者。其若不是唯一合法政黨，就是一個佔絕對優勢的獨大黨，他們僅讓一些無足輕重的小黨來扮演政黨政治的角色。由於執政黨與官僚制度的含混不清，再加上官職輪換 (rotation) 方式的普遍存在，更加突顯官僚權力的專斷。在稜柱社會中，功績制度 (merit system) 無法正常化，以及親貴主義 (nepotism) 十分猖狂，執政黨與官僚主義者朋比阿私，作奸犯科，相互包庇掩護。雷格斯說，稜柱官僚治體中，肥缺 (fat jobs) 永遠與官僚權力不分。故反對黨在稜柱社會中未曾有約束官僚權力的機會，此又是稜柱官僚權力多重性的第二特點。

3. 稜柱官僚權力的其他影響力量　稜柱官僚除了前述二種顯性的性質外，尚有其他許多與稜柱官僚們如影隨形的影響力，如立法權力之低落，立法者無法控制政策作成與國家財政無法由立法機關控制，利益團體表達的不實際，以及溝通工具完全由官僚權力控制…等等，都是由於稜柱官僚權力的過度強大，而致使行政效率低落的顯例。

三、稜柱社會的財務行政

在鎔合社會中，政府的財政並無制度可言，君主個人的喜好可以完全支配國家的財政，而政府財政運作也如同波蘭尼 (Karl Polanyi) 所說的「重配」制度來達成。至於在繞射社會中，政府的財政收支則是「理性化」的，須得議會的同意，政府的用度和財源，都有一定的標準，這一標準在其「政治理則」中就有明白的規定。

可是，在稜柱社會中，財政特徵除具有前述二種特質之外，其重疊

的現象更表露無遺。可分成稅收、預算及支出三方面來說明。

（一）納貢式的稅收

所謂納貢式的稅收（tributary），就是同時結合著鎔合社會下子民對君卿的捐納貢物，以及繞射社會中政府「制度化」的收稅而言。在這種情況下的稅收方式有三個主要的特色：

1. 窮困（penury）：稜柱社會中，貧窮是最普通的現象，它們不但百政待舉，政府支出浩繁；而且它們的經濟困頓，一般稅收主要來源的「市場」和「企業」制度又尚未健全，故稅收的不足，成為「沙拉」財政的一大特色。

2. 逃稅（tax avoidance）：在稜柱社會中，由於一般人民受「價格不可決」、「秀異分子的驕橫」、「外屬企業的精神」，以及「價值的聚合」和「官箴不修」…等等原因的影響，造成「沙拉」財政下的公然逃稅（exemption）與暗中逃稅（evasion）二相盛行的情況。

3. 轉嫁（tax diversion）：在稜柱社會中，一般人民窮困不堪，欲求溫飽都不可得，故稅稽對他們而言是心有餘而力不足。但是，一些土豪劣紳、特權分子，則享盡政府的「補貼」與「優惠」，而獲得「為富不仁」的大量收入，想盡辦法將政府稽征的稅款，間接的轉嫁到消費大眾的身上。故在發展中地區，間接稅收成為政府的主要稅源，稅制無法完善建立。

（二）恩寵式的預算

繞射社會的預算是透過公開、合理、與確實的方式，對有限的財源作最大效能的分配。鎔合社會中則無所謂公開、合理與確實的預算，政府對財政的預算只是君主個人隨心所欲的構想。前者對於預算的執行，有一套嚴格的計畫與技術，後者則以執政者個人好惡的恩惠方式運用。

　　至於在稜柱社會中，政府財政預算雖有繞射社會的形式化過程，但卻大大的變質，一般稱之為恩寵式的預算 (prebendary budgeting)，此種預算要而言之，具有下述三項特徵：

1. 官僚化的分配 (bureaucratic allocations)：此即政府的預算機構，在作成預算時，表面上是合法的經過行政機關擬定概算，並經立法機關審議通過為必要程序。但事實上則並非依據人民利益的「表達」(articulation) 與「匯集」(aggregation) 而成，實乃稜柱官僚們上下其手，遂其私願的一種手段。

2. 擅用歲收 (engrossed revenues)：此即特別撥用或指定歲收到已定的支出項目中。在稜柱社會中，預算往往受到執政者個人先入為主的意見所左右，以之作為打擊「官僚化分配」的武器之一，亦即為了穩固執政者自己的權位，為了恩賜寵倖，以及為了打擊異端，而讓這種現象存在。

3. 積存留用 (corners)：此即官僚團體 (bureaucratic group) 為保有他們自己充分的收入而作成獨佔性的安排。一般西方工業社會雖然也出現寡頭壟斷的情形，不過它們是透過市場規則，自由發展方式運行的，與稜柱社會這種積存的獨佔情況卻是兩回事。積存留用是憑藉政府的力量禁止一切競爭，使之變成只此一家別無分店的局面。這些發展中社會所存之各種「政府的或半政府的企業機構」(governmental or quasi-governmental agencies)，經常將菸、酒、鹽、鴉片、彩券，作完全獨佔，將特殊貿易出口、礦源、電氣系統、鐵路、公路、海運、航空、糖、橡膠…等等作為政府半獨佔的事業。此種保留獨佔的結果，使得財政的運用彈性因之變小。

（三）捐贈式的支付

在繞射社會，我們可以看到一套嚴格之政府管制支出的制度，諸如會計和審計制度的運用。至於在稜柱社會中，雖然形式上管制方法已經具備，但是政府支出卻仍受鎔合社會之捐輸(donation)和慨贈(largess)的影響而形成另一種形態。雷格斯稱之為捐贈式的支付 (donative expenditures)。這種捐贈式的支付，大致上有下列三種現象出現:

1. 造假帳 (duplex bookkeeping)：在「沙拉」財政下， 由於形式上的會計和審計手續已經成為必要之過程，所以對政府書面上的收支報告成為例行事項。不過，在前述之「預算」中，種種不按制度情形的影響下使得一般機構都有二份帳簿，一份是冠冕堂皇的公開性假帳， 另一份則是見不得人的「濫帳」。

2. 形式化的稽核 (formalistic auditing)： 這種情形是造假帳以後很自然的結果。假如沒有造假帳的情形，稽查的工作相當重要，因為從這些過程中可以發現預算之得失，不論是事前稽核抑或事後稽核 (pre-and-post audits)， 均可發揮節制的功能， 但是在「沙拉」的財政中卻無法發揮功效。

3. 高度浪費 (preferential spending)：「沙拉」財政，在造假帳與形式化的稽核兩相影響下， 政府官員、公營機構， 以及官商之間， 都出現了浪費公帑的普遍現象。 官僚們儘量找邊緣利益 （fringe interest）； 而在公營機構中， 則是冗員直增， 效率降低， 官商勾結， 互為漁利， 造成了高度的浪費〔Riggs, 1964: 154-173; 彭文賢, 73: 45—51〕。

第二節 官僚組織的行為特質

發展中國家的社會，一方面已從傳統社會中走了出來，一方面卻又

沒有能順利地進入到「現代」的範疇中去。而這一靑黃不接的階段，社會學者稱之爲「過渡階段」(transitional stage)。在這一過渡階段中，社會結構、價值系統、行爲模式等都落入到一巨大的「形變」(transformation)裏，在這一巨大的形變裏，一個社會的官僚組織也必相應地隨之而變，因爲社會學者相信，官僚組織之對於整個社會體系 (general social system) 而言，不過是一「附屬文化」(sub-culture)，塞賓尼克 (P. Selznick) 稱此附屬文化爲「適應的文化」(adaptive culture)。也就是說，當整個社會體系發生形變之時，官僚文化 (bureaucratic culture) 是無法不受影響，而亦必作一適應性地形變的。可是，迄至目前爲止，我們對於「行政」與「文化」之間究竟存在著怎樣一種生態的 (ecological) 關係，則不是一椿容易弄清楚的事。無論如何，在一過渡時期中，一個社會的行政制度是不能不變的，官僚的行爲是不能不隨社會文化之變而相應地轉變的，因此，學者們的興趣就自然地集中到「過渡」這一個面向之上了。

我們可以把典型的過渡政府 (transitional government) 看作是傳統與現代諸種質素的混合，諸如在同一政府中，其員吏的質素，傳統如部落的酋長 (tribal chief)，現代如市區的新式公務員，都可同時存在，這種混合的現象是全面的，從思想觀念到制度建築莫不一然。以思想觀念言，有的可以具有世界第一線的思想，有的則可以還抱持幾世紀前的傳統觀念；以制度建築言，同一條大街上，有的可以是數十層樓一切電化的大廈；有的則可以是殘瓦碎竹堆起來的違章建築。雷格斯把這種態度、行爲、情景的「廣大的混合」(broad mixture) 現象統稱之爲「異質性」(heterogeneity)。

他認爲過渡社會的「實有行政」是具有非常的異質性的。因此，他相信我們如用西方行政的「形式型模」去看過渡社會的行政，那麼一定

是有所「見」也有所「蔽」，或許可見其樹木，但決無法見其森林；同理，我們也不可用傳統社會的型模去理解過渡社會的實況，因傳統社會的某些質素雖然還保留在過渡社會中，但大部分的質素則已消逝無踪了。

從這裏，我們可以窺見「棱柱社會」(prismatic society) 的特徵：首先是不能執行的規章 (unenforced rules) 與實際行為之間的分離，這是「形式主義」的好例子。其次，假如我們深一層探討，研究其不能執行 (non-enforcement) 之原因，那麼我們將可以發現「棱柱社會」的二個現象，即「重疊性」與「異質性」。雷格斯卽從這個線索展開，掘發棱柱社會的各種面向。

一、重疊性

所謂「重疊性」(overlapping) 是指一個結構並不一定能產生其應有的功能，正如「行政行為」不以行政準則來決定，反而會受「非行政準則」的影響，產生部份分離，部份重疊的現象。

在未開發國家的社會裏，所有的功能都由一個結構來行使，一個功能壓在所有功能之上。比如：古代部落時期，君主的角色功能，他的行為不容易分出那些是屬於行政的，那些是屬於教育的，那些是屬於社會的。但在一個已開發的社會裏，常受固有準則的支配，如經濟的結構受經濟標準的支配，教育的結構受教育標準的支配，其他宗教、政治、行政…也都如此，這就是重疊性的分散。

在過渡的社會裏，亦卽未開發國家的社會裏，近代的行政組織，與傳統社會內之功能性組織，彼此重疊存在。一方面固然有國會、政府機關、選舉制度等；另一方面也有從事政治、行政等功能的家族、宗教團體、同鄉團體、同學會團體等。前者之組織與功能完全明確化，後者則

完全混雜化；前者所發生的功能完全走上了形式化 (formalistic)，後者才發生實際影響行政行為的功能。在這種情形下，人的行為外表上看來好像是奉公守法，骨子裏卻為謀求家庭、同鄉、同學等團體的私利而鑽營求進。 假若一個大的行政機構內之各個單位， 被各種不同的社會團體所壟斷，那麼在這一行政機構內便會出現多元社會團體間分裂的現象，這種現象稱為 poly commualism，在行為形態上也會出現多元的行為形態(poly normativism)。社會團體的多元化與行政行為之多元化，為當前發展中國家行政上的癥結所在。社會團體之多元化，其結果是造成行政制度中之派系林立，彼此相互抵制，相互排斥，因而犧牲了機關利益；而行政行為之多元化，其結果則造成意見之分歧。

但在西方的現代社會裏，則異於上述的情況。從某種意義上，我們可將西方「形式」的行政型模比擬為一座鐘 (clock)。鐘只有一個單一的功能，亦即正確的指示時間。倘若鐘停擺，或者有太快太慢的現象，我們就會說這個鐘的機器出了毛病， 那麼， 我們就會請鐘錶匠加以修理。同樣的，西方的行政型模也被認為只有一個單一的功能，即執行法律。倘若法律沒有好好執行，蠅營狗苟，貪污叢生，我們就會說行政發生了毛病 (pathology)， 而需要加以「修理」， 一若出了毛病的鐘錶然。

在某一程度內，這種對行政所具有的「擬鐘」(clock-like) 觀點，在西方工業化國家不無道理。在西方工業化國家中，「官署型模」已經充分發達，「政治」與「行政」已經明顯地分開，政策是政治範疇的工作，執行政策才是「行政」的份內事。在政府內的職位，其地位的顯榮並不一定及得上政府外面的職位，條條大路通羅馬，三萬六千行，行行出狀元，做官只是其中一行一路而已，因此，政府的職位可以通過技術性的考試而取才；在那個情況下，「甄拔」(recruitment) 與「升遷」

(promotion) 的問題幾乎是非常自動地一樁事，其性質是純然技術上的 (technical)、管理上的 (managerial)，一切都可藉、並且僅僅藉「行政的標準」(administrative criteria) 來解決。其解決的方法可以說是「價值中立的」(value neutral)。

可是，當西方工業社會這些條件不存在時，行政問題就變得複雜了，譬如說，在過渡社會中，工業不發達，衙門還是唯一可以「安身立命」之所，要想「升官發財」只此一路，這樣，人人便需向「做官」這條路挺進，粥少僧多，必然地有人要遭到「向隅」之痛，從而競爭之烈是可以想見的。於是，在傳統的科舉制崩壞廢止之後，這種競爭便不再出之於公平之智力的競爭，而變成不公平的權力爭奪，豪族之家當然得以天下之「優」而「優」，而一旦進入官署，當然不會有「公僕」的「自我形像」(self-image)。再者，在過渡社會；「政治」與「行政」這二個領域混合者多，分離者少，官僚決不會自覺地甘願為一執行政策之中性工具，而必然地會去干涉政治。在過渡社會，「官僚」與「政客」往往是不分的，而官僚的甄拔與升遷常基於「政治」的考慮多，而基於「行政」的標準少。雷格斯說在過渡社會的行政制度中，一部分的改變常會引起許多其他部分的不可預見的改變。認為，假使我們要了解過渡行政的面目，我們仍可以「鐘錶型模」(clock-model) 來說，但情形則迥然不相同。他說在一個房間裏如果有電鐘、收音機和電冰箱三樣東西，而在這三樣東西之間假設有一強大之電的震動(electric vibration)。一旦電鐘停止擺動，我們固然可以找一鐘錶匠予以修復，但我們發現鐘的修復影響到了收音機，待收音機修復了，我們又發現它對電冰箱產生壞的影響，而當電冰箱修復了，我們又發現電鐘再度停擺，每一樣東西的修復都可使另一樣東西發生毛病。雷格斯說這一現象足以解釋為何「鐘錶型模」或可幫助我們了解西方的行政，但卻會誤導我們對過渡社會

行政制度的認識。

「重疊性」可說是過渡社會中一種新的「形式化的制度」(如行政官署是),常常給人一種虛幻的印象,卽以爲制度一定會自動地產生功能,而殊不知,在事實上,這個新的「形式化的制度」卻必受到傳統社會中之各種社會的、經濟的、宗敎的,以及政治制度的影響,而大大地變質。相對地,這個社會的經濟、政治等制度亦受到行政的影響而變質。他說:我們對於一個「異質的社會制度」(卽過渡社會)中公共行政的理解,必須把握住這個「重疊性」的觀念〔金耀基,56: 141〕。

二、異質性

「異質性」(heterogeneity) 是指一個社會,在同一時間裏,同時顯示出不同的制度,不同的行爲與觀點。

在開發中的國度裏,每在同一時間,同一地區內,並存著許多極不調和的現象,例如:在同一地區的街道上,有現代化的「希爾頓」高樓大廈,也有古式平房;有豪華的「賓士」和「林肯」轎車,也有古老的手推車和老牛破車;在同一學校裏,有討論核子、電子和太空的最新科學知識,也有討論傳統的陰陽太極和古典玄學。異質的現象顯示出革新的過程,發生許多令人驚詫的差距。

在組織的領域中,我們可以看到「原級團體」(primary group),如家庭,繼續產生的影響力,同時,也可看到「次級型態的會社」(secondary type association) 重要性的不斷加增。雷格斯認爲在原級團體與次級團體之間尚應加上一中間性的範疇,卽稜柱團體 (prismatic group)。他把它稱之爲 clect。這是一純粹人造的詞語,因爲他無法從字典中找到一個足以表達此一觀念的詞語。clect是指任何一種團體,它能運用現代的、會社的組織方法,但卻又維持了一種傳統型態之「普化

的」（diffuse）及特殊的目標。

再者，社會的移動，分化（differentiation）以及 clect 的出現，也在在逼使行政的行為受到非行政因素的干擾。從 clect 來的壓力，倒不必是為某一特殊的個人安插工作，但卻是為某一特殊團體的利益打算。換言之，「稜柱壓力」（prismatic pressures）的性質不常是特殊性的，卻是選擇性的（selectivistic）。同樣地，巨大的壓力常常使政府犧牲某一團體的利益，而厚惠另一團體。這個情形很像西方的「肉桶法案」（pork barrel），卽國會常通過一筆款項在某一地方興建工程。議員們對於誰可受益，錢應如何花法，均有相當自由的決定權。

雷格斯說 sala model 的一個基本性質是：選擇性的甄拔（selectivistic recruitment）與利益的安排，都視 clect 的壓力而定，並且充分地顯示了非行政因素在行政行為中的比重。

雷格斯又說，「官方的責任」與「家族的忠誠」之間的明顯對照產生了眾所周知的「引用親戚」（nepotism）的現象。在一傳統的情境裏（諸如部落社會），所有「秀異份子」的地位都是建立在家庭地位上的，從而根本談不上「引用親戚」的問題。「引用親戚」的問題只有在稜柱社會，卽一方面有基於成就取向的行政原則，另一方面也有基於關係取向的家族規章才能產生。

前面，雷格斯已說過，「西化份子」是一批熱心介紹西方觀念與型模的知識份子。很明顯的，在稜柱社會中，政府的職位——不論屬於政治性或行政性的——都是通向聲威、權力以及財富的理想道路。傳統「階級移動」（class mobility）的障礙是破壞了，而具有雄心之知識份子的新階級卻出現了，他們急欲進入「秀異份子」的集團中去。不幸的是，許多人並不能滿足他們的慾望，有的雖然已經獲得職位，但大都位卑職微，不足饜其慾望。於是，這羣不滿足的西化份子，就有意無意地

形成了「反秀異份子」(counter-elites) 的集團，他們的目的是想取代秀異份子。此又使得原有的異質性，更加惡化了一層。

雷格斯所謂「稜柱的異質性」(prismatic heterogeneity)，實具有多方面的意義，它包含了地域上的「都市——鄉村的級距」(urban-rural range)， 新階級的出現與區社的分殊， 反秀異份子的升起與革命的運動，「多價值性」與行政上的「選擇性」，以及在原級與次級團體之外有特殊的 clect 型態的團體之存在〔金耀基，56: 106〕。

三、形式主義

所謂「形式主義」(formalism)，是指「理論」與「實際」的嚴重脫節，「應該的」(prescriptive)與「事實的」(descriptive)之間有一大段距離。「形式」與「實際」之間的差距越大，則制度的「形式主義」的性質也越濃厚。

假如政府所訂定的法律，制定的政策、目標，不能由行政機關實施的話，這些法律和政策就是「形式化」的。同理，一些「西化」的知識份子，總以西方社會的行政模型，來作為評量開發中國家的行政標準，其結果所收到的行政改革也是「形式化」的，因此行政革新要以事實作依據，排除形式主義，才能得到實際的效果。

在一般新興國家中，我們經常可從報紙上看到如下的消息：「政府將嚴格取締違建」、「警局開始整頓攤販，以美化市容」、「交通當局宣佈本週為交通安全週」…儘管三令五申， 但是， 違建依然如雨後春筍，攤販依然喧賓奪主，市虎依然白晝咬人…日子久了，大家也就「習以為常」，「見怪不怪」了。可是，這種現象在一個西方人的眼光裏，就不能習慣，不能不怪。

1960年，菲律賓的拿加城 (Naga city)發生大火，把該市的一個主

要市場燒成一片殘瓦斷垣，造成一無可補償之損失。拿加位居馬尼拉之南，爲菲律賓大城之一；當時雷格斯先生恰在該城，只見街頭巷尾，人人都談論著這件火災。他是一個專究行政學的西方權威，乃很自然地心中引起了一些問題:「是不是拿加城沒有完備的救火隊？爲什麼當大火發生之時，不能加以圍堵？」之後，他發現拿加城有相當好的救火設備，但問題是當大火發生之後，救火車無法進入市場，因爲整個街道都被違建與攤販以及商店的貨物所阻塞了。他在驚訝之餘，就問路上的人：「爲什麼你們沒有安全的規章，防止商店攤販把人行道堵塞，以致於救火車進都進不去呢？」

他們的答覆是：「我們不是沒有那樣的規章，只是無法使之貫徹罷了！」

以上的例子，可以說一語道破了絕大多數開發中國家的行政行爲。它與「重疊性」及「異質性」，同樣是幫助我們瞭解「過渡社會」行政的三把鎖鑰。

（一）形式主義的產生

形式主義之產生，一者是由於非西方的傳統社會搬進了西方社會的政府與行政的模式，但在思想觀念上並不能相應地予以配合；二者是由於西方取向的知識份子，腦中只有西方「繞射的」工業型模與東方「鎔合的」傳統型模，而無法理解到當代的東方社會是一「稜柱型模」。因此，政府的凡百措施皆係以一個西方「市場取向」(market-oriented)的社會爲對象，是則，無怪乎都落了空，而加增了形式主義的成份。假如你想去找一位居住在城中的朋友，那麼，你可以拿一本市區地圖而「按圖索驥」得之。但是，假如這張地圖畫得很不正確，則你永遠不能照這張地圖找到你的朋友，其所以如此，因爲這張地圖的形態與所示街道的方向都不是那個城市的眞實情況。雷格斯稱此地圖是「形式化的」

(formalistic)。它的「形式」(form) 並不能代表「實況」(reality)。同樣的，假如一條法律，規定了政策與目標，但卻不能經行政機構而付諸實施，那麼那一條法律便是「形式化」的。

雷格斯說，在一個行政組織中，如有一高程度的「重疊」情形，那麼上述的「形式主義」幾乎是必不可免的。譬如一位立法委員用各種方法贏得同僚的贊同而制定一條關於婚姻權利及制度方面的改革性法律，而這條法律如果強予實施，則將破壞社會秩序，阻礙經濟發展等等。因此，這條法律必然難予實行，而終將成爲白紙黑字的具文。

再者，由於過渡社會有其異質性，也較容易導致形式主義，譬如政府有一項改革，利於都市者常有害於鄉村，受到北部贊成常受到南部的強烈反對，從而，這項改革不成爲官樣文章者又幾希？有些開發國家往往雷厲風行的實施行政改革，但是改革的結果，常常只是做了一些表格、報告，而於實際行政則毫無改進可言。所以雷格斯說，在這些社會中實施行政改革，頂多是把「組織表」(organization chart) 重新調整一番，但對實際的行政行爲的影響力則微乎其微。他又說在這些社會中，行政改革家的困難有二層，一層是去發掘問題的眞相，再一層是考慮如何實際地改革而不流於形式。可憂的是，在這些社會裏，人人明知其所作所爲不免落空，但卻又「知其不可爲而爲之」；於是層層相因，一直在形式主義的圈子裏打轉，我們不妨稱之爲「形式主義的惡性循環」。反之，這在西方社會，任何一項法律或一項改革，提案者必重視現實，必考慮運作上的可能性，決不立異鳴高，大唱喝陽春白雪，因其不如此亦必難得其選民之贊同。一旦法律通過或改革案成立後，則各種壓力團體（如黨、報紙、工會等）亦必強迫其行政人員忠實地予以執行，從而這條法律或這項改革案當然能成爲實際而不致於成爲門面工作。

當一個社會，其「形式的政治結構」不能有效地執行「政策制定」

的權力時，官僚們會覺得政客們的政策是空中樓閣，不足仰賴，除非他們運用其他有效形態的影響力，否則他們的任何建議與方案都將不可能被採用。換言之，官僚們將自覺與不自覺地陷身於「官僚之間的政治鬥爭」(intra-bureaucratic political struggle)，每一個單位或高級官員都將組成派系，以圖控制各別的「小帝國」(small empires)。當這樣的事實發生時，行政的性質是根本地受到了歪曲。任命與升遷將不再決之於能力與資格，而決之於是否有利於對「小帝國」控制的加強。當一個行政官的成敗關鍵繫於他能否獲得部屬的擁護時，他之用人唯「忠」毋寧是自然之事。雷格斯說：官僚間的政治比重越高，則純行政的標準——如效率、理性——越少可能。誠然，假如目標與政策不清楚的話，那是不可能決定什麼手段是較理性與有效的。

　　的的確確，「行政政治化」(politicization of administration) 之反面的一種現象；即程序之「儀式化」(ritualization)亦會出現。所謂「程序之儀式化」，意指過去所行的一切法規章則、官僚習慣都逐漸硬化而成為一種「本身的價值」(intrinsic value)；再通俗一點說，我們平常所稱的「官僚」一詞，實即指此特殊意義而言，而非泛指官僚治體的所有特徵，亦即指一種堅持複雜而不必需的「繁文縟節」(red tape)的特質而說。此一「官僚」現象之發生，理由是很明顯的，蓋若沒有一個明白易解的目標與政策以為準繩，則官僚將因此而無法判斷何者為必要，何者為不必要，而唯一不會出紕漏的方法則是一點一劃地照著章程行事了。

　　雷格斯提醒我們說，當他用「儀式化」一詞時，必須把「儀式的」(ritual) 觀念與「儀式主義的」(ritualistic) 觀念分開。在一個「鎔合的」或「混同的」型模中，儀式構成了政府行為的核心。他們的目的在建立秩序，保育生命，不論其程序是何等的非科學，他們都是建立在

一絕對信仰的堅硬基石上的。可是，當潛在的信仰喪失時，許多儀式的行為卻仍然存續著，從而變為「儀式主義的」。因此，雷格斯把任何習焉不察堅持形式面貌，而骨子裏已喪失重要意義的行為稱之為「儀式化」。進一步，假如一種作為貌似「形式化行政型模」的理性程序，而實際上並不「理性」時，雷格斯稱之為「理性化的」（rationalistic）。非常明顯，行政中的「儀式化的」與「理性化的」行為又強化了形式主義。

另一個變態是，一方面官僚們百分之一百地墨守法令規章，另一方面則常常蔑視法令，隨心所欲。此二極端性的行為只有當我們承認官僚們享有實際大權的事實才能理解，亦即他們可以隨意作決定，而不受有效的政治控制之約束。當一條法令對他們有利時，則堅持對法令作狹義的文詞解釋，反之，則千方百計使之變成具文。這在西方政治權力有實際力量的國家，則景況大異，官僚們有強烈的理由貫徹法令的意旨，他們既不能專門在法律的字義上做文章，以致歪曲法律之目的；他們也不能在法律條文之外打主意，以致破壞法律之精神。這是什麼緣故呢？原來西方先進國家，有效的政治控制是利益團體，組織化的羣眾（organized clientele），會社以及輿論的實際反映。一旦他們的利益有了法令的根據之後，他們必使之貫徹，決不能看到它被歪曲，尤不能眼看它的目的為官僚的「儀式的死板行為」（ritualistic conformity）所埋葬。我們可以說，西方的官僚不啻是工作在一「玻璃屋」（glass house）中，官僚必須兢兢於注意他們行為的影響，不僅是指一些立刻可以產生結果的行為，而且也及於所有因執行法令而產生的後果。

此外，在發展中的社會，由於整個人事政策往往是不確定的，因此對於如何決定一個可以測驗才能與性向的考試頗感困難。從而，考試制度只能用來估計不能肯定的才質而流於形式。其結果，考試及格者往往

沒有辦事的才能。雷格斯認爲當一個職位本身職責的規定是模糊不清的時候，則考試及格者之是否具備辦事才能亦變得不相干了。而社會所重視者亦在證書與文憑。演變所及，有人專爲證書而考試，專爲文憑而讀書，至於辦事的知識與技能則非所問了。凡是通過文官考試的人都取得了一個資格 (eligibility)，而這個資格卽可使他們因而獵取某一階層的職位與位階，至於到底有無實際的才學則非所問。更有進者，這個資格不但可以代表他當時的成績，還可以終身享用不盡。也許他被任命某一項職務時早已把當初的考試忘得一乾二淨。因此有些人專門追逐各種「資格」，以顯耀其成就。雷格斯稱此一制度爲「資格取向」(attainment orientation)，亦卽「有限的成就取向」。此亦爲稜柱社會特有的型態〔金耀基，前書：90-91〕。

　　(二) 形式主義與合法性的關係

　　從國家建立的立場看，「形式主義」可視爲一種假性的發展，對眞正的行政發展，阻遏力甚大。它給人一種錯誤的印象，以爲制訂一些時髦的制度和法律，就算已經完成國家建立的重任。立法者看到他們所訂的良法美意沒有實行，不去探討是甚麼客觀因素使之不能實行，僅知道再訂立一些別的法令以謀求補救。但是法令愈多，漏洞愈大，執法者就可隨便選擇最有利於自己的法令執行，或用一條法令來逃避另一條法令所加予的責任。所以，形式主義盛行之後，行政機構常發生重疊架床的現象，而且政治的權力將旁落在執政者的手中。

　　形式主義與合法性之間具有密切的相對立關係。合法性低落的體系，形式主義必甚猖獗。而大體說來，傳統社會與已臻現代化的工業社會，都具有較高的合法程度，雖然它們成爲合法的基本理由是不同的。傳統的社會，無論是根據神權、宗法或風俗習慣維持政權，大家對權威的來源，體系的目標和價值規範，解決糾紛的途徑等，都有其共同的認

識，所以頗易達到某種共識（consensus）。現代化的社會，人們的思維內容雖然不同，但大家信奉憲法，如果他們不滿意任何現行的制度或法令，可以根據合理合法的程序，予以更正修改。但在過渡中的社會裏，傳統的觀念和制度瀕臨崩潰，但還有人捨不得放棄；新的思想和制度被引進來，但並沒有落實生根。在這種情形之下，人們最不容易有一致的見解，形式主義最易發生。

以上理論，可以用一個簡圖表示之:

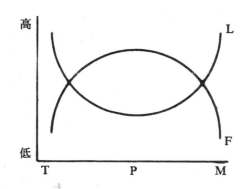

圖4-1 社會變化中合法性與形式主義間的關係

上圖 T 代表傳統社會，P 代表過渡中的社會，M 代表理想的現代化社會。L 線代表合法性變項，F 代表形式主義變項。合法性與形式主義是二個相對立的變項。在傳統社會與理想的現代化社會裏，合法性程度都相當高，形式主義程度低。在過渡中的社會，合法性急速降落，形式主義便變成十分嚴重。

形式主義流行的結果，所有的法律皆形同具文，到了情形最嚴重時，人民便以為立法者和執行者都是在玩弄法律，誰還甘願服從法令的約束？這種情況如果不能儘快改善，不但政府的威信掃地，而且將把人民守法的精神剝蝕精光。

在不同的稜柱社會中，其稜柱的特徵是有程度之別的。換言之，形式主義是任何稜柱社會所不免的，但在某些稜柱社會中，其形式主義的程度卻較高於另一些稜柱社會。雷格斯爲此畫了一個圖表，用一組假設的曲線來表達形式主義的程度與「繞射性」大小的關係。

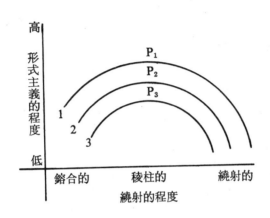

圖4-2　繞射程度與形式主義的關係

假如上圖曲線 1 、 2 、 3 代表三個不同社會的可能變遷，那麼P_1、P_2、P_3三個位置卽代表每個社會中「稜柱性」最强者。而在這三者中，P_3較之P_1是較少稜柱性的。 從而形式主義的程度並不是一 「 絕對的特徵」(absolute characteristic)，而是同一社會在不同變遷時期的一個相對情況。

了解上述的解釋之後，我們再進一步分析西方社會。西方社會在中古末期與現代早期的時候， 封建主義正轉向民族國家與資本主義， 那時確實出現了相當程度的形式主義與異質性，我們不能對此史實加以詳論，但卻可以對之作些一般性的觀察。

第一、西方社會這段時期的變遷過程是經過一較長的時間的。此一

情形使得「有效的行爲」與「形式的結構」能夠在一漸變的時期中彼此適應無礙。由於此一變遷,並不是一「巨人的躍進」 (giant leap forward),而是逐漸的轉變,因此「形式」上微小的轉變常可與「行爲」上微小的轉變相銜接,普通常識告訴我們,急劇的革命性變遷所付出的代價是大於緩慢的演化性變遷的。

第二、我們更應分清楚的是社會變遷的動源,亦卽刺激社會變遷的力量來自何處? 假如壓力主要是來自外部的則稱之爲 「 外發的變遷」 (exo-genetic change)。反之,假如壓力主要是來自內部的,則稱之爲「內發的變遷」(endo-genetic change)。假如內外二種壓力的比重是相等的,則稱之爲「均衡的變遷」(equi-genetic change)。

內發變遷的特徵是,在一個社會的制度還未改革之前,大眾的行爲已經產生有效的轉變。 反之, 在外發的變遷中, 則常是制度已變, 而行爲未能相互地隨之而變。究其原因,要係由於大眾的行爲未能在革新之前有效地轉變、適應,改革家們在「外國型模」的影響以及儘速「借取」 (borrow)、「採用」 (adopt)或「趕上」 (catch up with) 外國制度慾望的驅迫下,毫無思考餘地的介紹新進的制度。這種借用外國型模, 逼使本國社會結構發生形變, 的確能造成全社會深遠的變遷, 不過,爲這種變遷所付出的社會代價卻也是高昂的。社會形變越急劇,則產生形式主義、異質性的危險也越高,而革命所帶來的緊張性, 也變得愈加嚴重。

雷格斯的一般觀察是,一個社會「繞射化過程」中「外發」的成份越多,則稜柱型態中其形式主義與異質性也越大。反之,內發的成份越多,則形式主義與異質性也越小。雖然形式主義、異質性及重疊性三者是所有稜柱社會的共同特徵,但是,這些特徵在「外發型的稜柱社會」 (exo-prismatic society),遠較在「內發型的稜柱社會」(endo-prismatic society）更爲顯著〔江炳倫，61: 102-103〕。

　　社會變動包括人們的意識與行爲結構二方面，它們彼此之間具有密切的相關性，但在一定時間內，其變動的步驟並不必完全一致。如果結構先起變化，而人們還沒有這種意識，不願意承認有這一回事，或還是用陳腔濫調來解釋，我們就可以看到社會學家們所稱的「文化落後」（cultural lag）現象，譬如，分明是自由戀愛的婚姻，卻強說是憑父母之命、媒妁之言的結合。或是已經實行選舉制度，卻仍然用神意天命來解釋政治領袖的權利。

　　另一方面，如果一個社會從外面借來一些政治與行政原理，並且設立「制度」法令，使人相信確有其事的樣子，但實際上行爲模式並沒有改變，也沒有作改變的準備，我們可以稱這種情況爲「文化超前」（cultural lead），即思想比行爲進步爲快。目前許多新興國家，都喊叫要實行民主政治，要創立國會、政黨、中立的法院和以業績爲甄拔與升遷標準的公務制度，但事實上卻都沒有實行，而僅做門面裝飾，凡此皆是這種情況的寫眞。

　　「文化落後」的結果，常會發生許多時代差錯（anachronistic）的笑話；「文化超前」的結果，則是「形式主義」（formalism）的氾濫，實際行爲與紙上命令背道而馳。

第三節　官僚組織的結構型態

　　儘管每一個國家在行政結構和政治程序方面各有相異之處，但是下面的幾個特性卻不難在發展中國家看到：

　　（一）各國政治領袖對於政治發展均擔負著廣泛的任務，而這種任務卻又常常變得和教條差不多。每一個國家都祈求不同的特

別改變，但其共同目標則是：增加農工業生產，提高個人生活水準；改善公共衛生、公共教育和個人養老金計畫；改變婦女或低階層人士的傳統地位，以及把公民本來對宗族的忠心擴大爲對國家忠誠。

（二）大多數的領導人物來自民間，許多發展中國家已演進成地方性的社會主義類型，他們以農業而非以工業爲經濟基礎。每個國家爲了特別的改革而擬定的計畫雖不相同；但是他們都尋求迅速的經濟發展，以使政府各級部門成爲最能推動這種發展，並引導它沿著社會需求的道路而前進的機構。一如下文將會看到的，在這些國家中，並非政府的一切部門都已獲得同等的發展，卽使在一些發展得最充分的部門裏，受過訓練的人在數字上仍不足以應付國家的需要。典型的結果乃是對行政人員過分依賴，而許多目標卻無法達成，從而造成民間不安的情況。

（三）在若干國家內，不僅殖民地居民與土著的力量之間有衝突，卽使土著集團內各領袖之間也有鬥爭。許多時候，國家本身便是殖民地權力的人爲結果，這類國家只是把幾羣有顯著區別的人所居住的土地結合在一起，而由一個行政單位統治。在爭取獨立的時期，以及在獲得獨立後不久，這些傳統集團間的衝突演變得變本加厲。在許多獨立鬥爭中，新領袖許下太多的諾言，而本身的經濟資源則有限，熟練的領導人才又不足，所以諾言常常不能兌現。不滿的情緒遂轉而支持那些挑戰反殖民地主義運動的新領袖。當經濟的挫折加深了不同宗族，或不同語言集團相對不平等待遇的感覺時，暴亂的可能性便跟著出現了。一項對八十四個發展中國家進行的研

究，發現四十個國家的人民曾經成功地或認眞地企圖推翻政府。

(四) 現代化的領導集團和傳統的領導集團之間，無論在社會背景方面、在走向改革的態度上，以及在他們與廣大羣眾的關係上，都有重大的差別。現代化領袖趨向於都市化、親西化、年輕、受過良好教育和樂於進行經濟、社會及政治變革。傳統的領袖則側重鄉村，喜歡當地的風俗和宗敎，並且反對改變，因爲他們覺得一旦改變就會貶低他們的價值觀念。兩派領導層的對立作風和態度，很可能釀成兩派領導人及其追隨者之間的嚴重衝突。

(五) 各種政治特徵的發展是不平衡的。曾淪爲殖民地的新興國家，通常都採用從前的「母國」——殖民地統治者——所採用的立法、司法和行政方式。當這些方式施之於脫離殖民地統治後的地區時，正式的程序和實踐之間便產生一道鴻溝。立法和行政各分支機構，時常缺乏控制文官和軍事官員的能力，軟弱的立法人員結合沒有效率的行政首長，再加上職業軍人，在政府蛻化時，其結果往往不是由軍人秘密操縱便是公開干政。也許發展中國家最常見的經歷是軍人執政，它的元首不是以公開叛亂的手段接掌政權，便是運用選擧方式在沒有眞正對手的情況下取得政權〔Sharkansky, 1975: 34-38〕。

一如在已發展的國家一樣，發展的水準和行政的方式與過程之間並非完全可以配合的。每一個國家的歷史都有許多特殊的因素造成它的行政機構。美國比較行政學家赫第 (F. Heady) 曾把發展中國家的行政形式分爲若干類。根據他的劃分標準，將可發現下列幾種不同的行政形

式: 傳統的專制君主形式; 行政機構的精英形式; 多頭政治競爭的形
式, 以及執政黨動員的形式。為了進一步掌握赫氏所提各種官僚結構的
內涵, 以及為了便於和艾拉‧夏坎斯基 (Ira Sharkansky) 前述五種特
質, 作一對照性的比較, 我們將先介紹他對發展中國家行政特質的歸
納, 亦卽:

(一) 不管是否曾受西方列強殖民政策之影響, 所有開發中國家之
行政多有摹倣現代西方國家之行政型態之傾向, 尤其是那些
曾受殖民統治的國家, 譬如印度卽摹倣英國。就整個殖民政
策的影響與成就來看, 那些曾經被英國、 法國、 或美國統
治過的殖民地, 其獨立後的行政制度則遠優於那些曾被西班
牙、葡萄牙、比利時、或荷蘭統治過的國家。

(二) 普遍缺乏具有管理才能、 開發技能、 及技術高明的行政人
才。雖然這些國家的人力資源或自然資源十分充沛, 但他們
僅適於擔任基層工作, 不能擔負起國家開發的艱巨使命。有
些國家雖有不少受過大學教育的人才, 但他們有的是「所學
非所用」, 有的則是粗製濫造的「大學生」, 如埃及與印度
之情況。使得開發中國家不得不聘請西方國家之顧問或技術
人員以協助之。

(三) 政府官員以發展其本身利益及鞏固其本身地位為工作指向,
只要滿足他們自身之目標, 政府計畫之是否能夠實現則不太
重視, 所以這是一種以「個人便宜主義」 (personal expedi-
ency) 來對抗公眾利益的行政。因此人事關係的運用便成為
此制的特色之一。卽使有文官考試制度, 但也是那些具有人
事關係者較佔優勢, 至於將來的任命、升遷、獎懲等也都有
濃厚的人情因素。

（四）貪污也是此制下的特色之一，不過貪污卻可加速某些工作的處理，也未嘗不是提高行政效率的一種變相的「激勵」方法。

（五）政府任用了過多的公務員，他們認爲這是解決失業問題的一種辦法，但由於人員冗濫，工作反而不能順利開展。

（六）正式規定與事實情況有嚴重脫節之現象，這正是雷格斯所謂的「形式主義」（formalism）。這些國家雖有法令規章與制度，但實際所做又是另一回事。

（七）開發中國家的公務員，易於獲得較大程度的工作自主權，這一方面是由於殖民主義的傳統（因爲殖民地的官員與殖民國之間有一種「天高皇帝遠」的關係，所以官員們乃能有較多的自由裁量權）；另一方面則是公務員已形成技術專才的獨佔局面，許多事情只有他們知道如何處理，高層統治者非依賴他們不可，我國有所謂的「科員政治」，卽係指此而言〔Heady, 1979:271-275〕。

由於政治運作過程的不同，自然會形成各種不同的行政型態。根據上述一般官僚特質的描述，赫第乃將發展中國家的官僚治體劃分爲下列幾種型態：

一、傳統的專制君主型

這些政權仍採用傳統的統治方法，統治者是由世襲之君主或具有貴族社會地位的人士充任。他們倚賴文武官員的力量推行他們認爲需要實施的改革政策，並利用文武官員來防止他們不想要之政策的出現。屬於這一類型的國家，有的已有巨大的進步與革新，如摩洛哥及伊朗；有的只有中等程度的改革，如衣索匹亞及利比亞；有的則僅有少許的改革，

如葉門、沙烏地阿拉伯、和阿富汗等。

二、軍文聯合的官僚精英型

這一類型的政體，傳統的領袖或精英分子，雖然仍舊可以出現政壇，但均已喪失實權。在實際的政治行爲中，國君雖然可以留作「重要的象徵」，但其參與公共政策的權力，則受到相當嚴格的限制，許多現代化的目標與政策，均由當權的領袖來制定並宣佈。政治權力雖然大部分掌握在文武官員的手上，但由於軍事官員曾經領導革命推翻舊政權的關係，因此軍事官員通常都擔任較爲重要的職位，而且也掌握了最高權力的地位。這一類的國家包括：緬甸、瓜地馬拉、印尼、伊拉克、巴拉圭，以及叙利亞等國。此種官僚，在型態上又有「軍事強人制度」(strongman military systems) 和「聯合軍事執政團」(collegial military systems) 之分。前者較偏向於個人獨裁；後者則較倚重並聯合一些有力量的高級文官來組成政府。

三、多頭政治競爭型

這一類型的政治體系和西歐及美國相似。它的特徵包括平民參政，自由選舉，並有許多表達不同團體要求的政黨。「多頭政治」一詞的意思就是若干所謂「精英」的政治領袖共同執政，他們的權力基礎分散在城市商人、地主、軍官、勞工領袖以及專業人士之間。在社會階級系統內變動的可能性大於較爲傳統的社會。因爲互相競爭的各個政黨都在爭取社會各階層支持他們的政綱，因此政府所強調的「實際」政策遂容易爲羣眾所了解，並且在教育、公共利益和衛生護理等各方面也較容易收到短期的實益。這一類的國家包括：菲律賓、馬來西亞、牙買加、智利、哥斯達黎加、以色列、黎巴嫩、希臘、阿根廷、巴西、錫蘭、尼日

利亞和土耳其。此種官僚，在型態上又可分爲「承襲傳統帝國的官僚精英」(bureaucratic elite systems replacing a traditional elite) 和「承襲殖民帝國的官僚精英」 (bureaucratic elite systems success or to a colonial tradition) 兩種。

四、執政黨動員型

在這一類型裏， 正常的 「政治」 極難有發展的機會。 執政黨可能是該國唯一合法的政黨，而且可能使用嚴格控制的手段以確保自己的地位。他們通常有一套有系統的政治思想和促使廣大羣眾忠於政府的施教方法。領導人多數年輕、趨向都市化、受過良好教育和非宗教的——既不建立宗教的權威，也不提高傳統宗教價值。一個強有力的領袖每能統治整個政府，並且能支配表現民族主義及其他發展的計畫。受過良好訓練的行政人員雖是達成這個政權發展目標的要素；但是政府內技術性和專業人員則常常與那些堅持以民族主義和對執政黨忠心掛帥的政客之間發生磨擦。屬於這一類的國家包括: 阿爾及利亞、玻利維亞、埃及、加納、幾內亞、馬里和突尼西亞等。

在上述各類型中的每一個國家，其行政結構、行政程序和成效等，到底與各該地區的政治、社會和經濟特性相似至何種密切的程度，仍有待於查驗。這些類型的定義並不十分精確，而且有些國家甚至可能屬於兩種類型。所以，闡釋發展中國家行政系統的各種類型，使用這種分類方法作爲工具，根據赫第的說法，乃是一種提示性的，本質上是無法涵蓋一切的。

參 考 書 目

江炳倫: 《政治發展的理論》，臺灣商務印書館，民國61年6月初版。

金耀基編譯，Fred Riggs 原著: 《行政生態學》， 臺北商務書局，民國56年10月初版。

袁頌西: 〈官僚制度與政治發展〉，《憲政思潮》 11 期，民國59年7月，63-72頁。

彭文賢: 《系統研究法的組織理論之分析》，臺北聯經出版社，民國69年9月初版。

彭文賢: 〈稜柱社會的行政〉，《華視空校函授週刊》，313 期，民國73年5月，45-51頁。

Bendix, Reinhand (ed.), *State and Society: A Reader in Comparative Political Sociology*, Boston: Little, Brown, 1968, esp. 170-200.

Heady, Ferrel, *Public Administration: A Comparative Perspective*, New Mexico: The University of New Mexico, 1979.

Riggs, Fred W., *Administration in Developing Countries: The Theory of Prismatic Society*, Boston: Houghton Mifflin Co., 1964.

Sharkansky, Ira, *Public Administration: Policy-Making in Government Agencies*, Chicago: Rand McNally College Publishing Company, 1975.

第五章 行政改革的概念、 結構和策略

第二次世界大戰後，西方殖民主義式微，新興國家和飽經戰亂的國家，鑒於先進國家的強盛與富裕，無不致力於國內的行政革新，共同追求其國家的發展。

但世界各國因個別環境條件之殊異，其「發展」（development）的程度亦隨之參差不齊，因而造成極其顯著的「國際差距」（international gap），乃有所謂「原始政治文化國家」、「臣屬政治文化國家」、「參與政治文化國家」（政治學者的觀點）；「未開發國家」、「開發中國家」、「已開發國家」（經濟學者的觀點）；「傳統社會國家」、「過渡社會國家」、「現代社會國家」（社會學者的觀點）；或「鎔合社會國家」、「稜柱社會國家」、「繞射社會國家」（行政學者的觀點）…等名詞的出現。由於健全的行政乃是鞏固政治的基礎，因此不論任何名詞的出現，「國家發展」都必須要能適應世界潮流，符合人民需要。

所謂「國家發展」（national development），魏德納（E. W. Weidner）認為：「發展就是不斷的現代化，即國家建設及社會、經濟進步目標的不斷達成」。足見國家發展所涉及的範圍至為廣泛，舉凡一國的經濟、政治、社會、文化，甚至思想與價值觀念、意識形態等等的革新與現代化，均莫不包括在內。卡魯維拉（P. K. Kuruvilla）也說：

「國家發展乃是一個多方面的歷程 (a many sided process)」。至於聯合國所謂的「國家發展」，不僅是指人類物質生活的提高，而且還包括社會環境的改善，其意義更爲廣泛。

由上所述，可知「國家發展」乃是一個全面性的革新，涉及社會、政治、文化、行政、行爲和觀念等。國家事務，經緯萬端，錯綜複雜，其中某一個因素的變動勢必觸及其他因素，因而引起相互的遞變。並且質的變異 (qualitative transformation) 必須和量的遞增 (quantitative increase) 相互配合，兩者齊頭並進，才能使發展過程持續下去。 所以政府行政革新的措施，一定要顧及到多方面的因素，不僅要關照社會現象，而且更應以事實作爲依據，方能收到國家整體發展的效果。

第一節　概念闡釋

行政革新，乃是當代「國家發展」過程中，最富有吸引力，最響亮的名詞。什麼叫做「行政革新」呢？

「行政」(administration) 與「政治」(politics) 是兩個性質不同，但又甚爲接近的名詞。若從「權力」(power) 的觀點而言，兩者是可以而且應該分開的。大抵「政治」屬於「政權」範圍，「行政」則屬於「治權」範圍，故「政治革新」係著重於議會、政黨、選舉、壓力團體的興革；而「行政革新」 則爲政府行政機關有關制度、觀念、行爲、思想和能力的新生與新興。

「革新」或「改革」(reform) 與「創新」(innovation) 是兩個相近但並非完全相同的名詞。「革新」的意義，通常是指當一個制度或行爲遭遇到某些障礙時，在原有的基礎上作適當的改革，使它能够繼續發揮原有的功能。「創新」則指一種開闢新天地的行爲，創造一個新的境界。

「行政革新」(administrative reform) 與「行政發展」(administrative development) 涵義不同。 要明瞭「行政發展」的涵義， 首先應區別「發展」(development) 與「成長」(growth) 兩者間的意義。「發展」與「成長」是兩個相關但內涵殊異的觀念。大抵「發展」係指基本組織上的變化，「成長」則指運作量的增加，「發展」是前因，屬於結構或行爲的範疇；「成長」是後果，屬於功能或績效的面向；如果表面上的繁榮現象，可描寫爲成長，那麼，「往下紮根」的奠基工作，就是「發展」。前者如「經濟成長」，後者如「行政發展」。

一、行政改革的意義

由於行政中有關創新的觀念，仍未成熟，所以我們必須借助其他的學科，以便廓清一些有關的概念。有關創新的概念，有不少研究社會變遷的學者，曾下過許多肯切的定義。根據拉皮兒 (Richard Lapiere) 所說：「創新是一種以新方法完成某些已被確認的社會目的的觀念，或者是一種完成某些新的社會目的之手段的觀念。此種觀念或者觀念模式（pattern of ideas)， 可能表現爲一種新的工具或機器設計，一種新的程序、一種新的實質或實體、一種前所未知的地方或地帶、一種新樣式的人類行動， 或者是一種新的概念或信仰。 不管其表現爲何， 創新總是包含一個獨一無二的，同時又是前所未有的心智建構物 (mental construct) 的創造，這是使事物成爲可能的觀念」。巴內特 (H. G. Barnett) 將創新視同個人對普遍變遷 (the universal change) 的分殊性反應（differential response)， 而強調創新能力的普遍性 (universality)。他說：「變遷…是一種普遍性的現象。人類具有一種各自不同之反應事物的無限能力…就此種彼此離異 (being deviant) 的最終意義言，每一個人過若干時間後都是一個創新的人 (innovator)。 」 這裏所表達的中

心觀念有兩個： 第一， 創新包含新觀念對於人類所作任何形式之努力 (endeavor) 的應用。第二，每個人都具有創新的潛力。這種想法對於行政的思考具有深刻的涵義，因爲新觀念能够以多種形式應用到行政計畫、組織以及程序等各方面。就如一位有經驗的行政思想家所論，行政之創新所涉及的並不是想像一些無相對物 (counterpart) 或前例(ante-cedent) 的東西， 而是「確認將一個新的過程或概念應用到某一特殊情況，以及將其推行於組織之中的可能性」。就行政而言，鼓吹的角色 (advocating role) 要比創意的角色 (originating role) 來得重要。

凱頓 (Gerrald Caiden) 在《行政改革》(*Administration Re-form*) 一書中所下的定義較爲周延， 較具界定性。 他認爲：「行政改革」係以人爲的誘因，反對既存現狀的行政轉變。也就是，相信有更好的社會活動的組織方法可以採用。但是，它並不完全接受系統分析或僅僅見諸文字之社會秩序的安排與建議〔Caiden, 1976: 6〕。

事實上，實作者咸認爲， 行政革新的方案 (disciplines) 應來自日積月累的行政經驗中，綜合而成，假如貿然從事理論的實踐，非但要遭遇到「閉門造車，出不合轍」的失敗，而且每每爲「方法論與純知識的捷徑」所貽害(failure back on methodological purely knowing short cut) 〔Isack, 1975: 30〕。但是，持理論派者則稱其爲大謬不然，因爲，大凡具有科學精神的人， 都須要知識與理論的指導， 要想實際工作者成爲改革的理論家實在是一種不可思議的事。 同時， 持理論派的人認爲，實際工作者，因爲耗費太多的時間精力於「等因奉此」的事務上，一切因循舊規，那有可能提供新鮮的革新構想？況且革新往往是將舊的權力關係作重新分配與安排，礙於私利，實際從業人員亦不可能有大公無私的行政改革計畫，所以行政革新縱使天天爲人所倡，所收到的功效畢竟還是不多。

　　上述兩派之爭，曲直難斷，最後只能由「時間」來作裁定。因爲改革求新是一定要順應社會的情勢變遷；今天革新的成果，明天也許成爲布舊的對象。　所以時間短暫的行政革新，　常常因爲事與願違而績效不彰，或是因爲難假時日，利弊不分之際，就輕率橫加論斷。若想了解行政改革的方法，不能不就其條件方面作深一層的分析。

　　至此，我們又要提出一個問題，即創新與改革究竟有何差異？關於這兩個概念，　在一些闡釋創新理論的著作中，　我們很少看到明白的區別，但是有關探尋其差別的線索卻是有的。海根　(Everett Hagen)　在檢視像馬丁路德　(Martin Luther)　和威爾遜　(Woodrow Wilson)　等典型的改革家時，曾把一個改革家的基本特徵，描述爲一種在其環境尋找瑕疵，同時攻擊且補救這種瑕疵的衝力　(drive)。此種說法顯然潛存著一種明白的價值傾向　(value inclination)，　亦即一種內在的驅迫（inner urge)。如果說：「不，這還不夠好，在某處還有一些更好的。」這種補救的驅迫，可以說就是區別改革與創新的微妙記號，因爲誠如巴內特　(H. G.　Barnett)　所強調，後者無任何文化價值的考慮或創新行爲的社會意義。

　　一旦我們承認「著重價值」乃是區別改革與創新的記號，那麼我們便可以獲得一個行政改革的運作定義　(working definition)：行政改革是一種將新觀念以及若干觀念的組合體　(combination of ideas)，應用於行政制度，以改善此一制度而達到國家發展之積極目標的努力。

　　但是，　問題仍然存在：　當行政改革應用於國家發展的目標時，　其所將採取之具體行動的形式又是什麼？　作爲一種目標取向的　(goal-oriented)概念時，發展一詞，依然具有社會經濟發展和國家建立(nation-building)的雙重意義，而上面所界定的行政改革概念，在與兩者的關係中究竟又有何種意義？在「發展行政小組」的研討會上，大家曾就此提

出了以下幾個要點，作爲行政改革的指標:

(1)計畫的重新強調;

(2)文官的態度與行爲，及其對一般民眾 (clients) 的態度與行爲的
修正;

(3)導致有效溝通及參與管理 (participative management) 之內在
行政形式的改變;

(4)資源有效使用的強調;

(5)減少對例行成規及法條的拘泥 (adherence)。

只有以上述基本指標 (yardstick) 爲基礎，始能評量某一具體之行
政改革的成敗〔Lee & Samonte, 1970:7-11〕。

二、影響行政改革的因素

影響行政組織改變的因素甚多。根據卡斯特 (Frement E. Kast)
和羅遜茲委格 (James E. Rosenzweig) 的說法，組織係由五大因素 (
或稱次級系統) 而構成的。依次是: (1)目標價值系統，(2)技術系統，
(3)管理系統，(4) 心理社會系統，(5) 組織結構系統。除此之外，就是
組織之客觀環境。影響組織改變之因素，也是來自這六方面。以下分別
敍述之。

(一) 環境之改變

組織之改變，往往因環境改變所使然。環境分「一般環境」和「工
作環境」兩種。「一般環境」計有技術知識、經濟、法律、政治、人
口、生態、和文化上的諸多因素等。這許多因素一旦發生變化，必然會
影響到組織的變化。但「一般環境」之變遷，往往十分緩慢，並非吾人
日常生活所能體認的，可是如從長遠觀之，我們仍能覺察出它的變化。
例如過去二十多年來，我國社會上一般人對權威之依賴性和敬畏的程度

似乎已經降低。這種對權威態度之改變，影響人們對於參與決策之要求
亦日趨強烈，這對組織之影響尤大。

　　所謂「工作環境」，係指與某一機關組織發生直接關係的環境因素
而言。茲舉企業組織為例，諸如原料供應者、顧客、勞力、資金來源、
同業競爭者等，均係該企業組織「工作環境」中之因素。假若「工作環
境」之因素有了改變，也必會立刻引起組織行為之改變，且這種改變往
往是迫切的、突然的、和顯而易見的。例如企業組織一旦發現同業競爭
者推出一種新的產品，深受顧客所歡迎，那麼該企業組織必須立刻採取
各種策略，改變組織結構，改變技術，和改變生產程序，以求推出更新
的產品藉以吸引和爭取顧客，企圖藉以增強競爭的能力。

　　組織如求生存與發展，無時無刻不提高警覺，密切注意環境之改
變。職是之故，企業組織在策略階層經常設有市場研究部門，負責不斷
蒐集市場，分析資料並提出適應環境改變的各種措施之建議。不過，環
境之改變有時係屬突然性的，無法事先預測。例如企業組織之競爭者
會出人意料地採用了新的生產方法和技術，因而使其生產成本大幅度降
低，這就是該企業組織所不能事先預測的。在這種情況下，組織往往一
時無法採取有效之適應措施。故為權益之計，不得不暫時降低產品之價
格，進而再積極設法改善生產和技術。再以行政機關為例，環境改變引
起組織改變的實例，也不勝枚舉。例如臺北市之交通問題，其嚴重的程
度逐年增加，政府對這一問題之適應措施，首先將公車營運，部份開放
民營，繼而又成立了一個交通局，又推出一種中型的公車，最後又採公
私汽車聯營之制度。這許多措施皆會影響到組織之改變。

　　(二) 目標與價值之改變

　　另一促成行政改革的因素，係組織目標和價值之改變。所謂「價
值」者，就是組織所期望達到未來的一種狀態。價值與目標之間區別甚

微，價值是目標設定的基礎，目標是實現價值的手段。

目標的改變可能受環境的影響。例如本是以生產電風扇爲主要產品的公司，但因社會大眾生活水準日漸提高，電風扇已不能滿足一般人的需要，公司爲適應環境，不得不改變目標，開始以生產冷氣機爲主了。這一目標之改變，對組織影響頗大，組織不但要改變它的組織結構形態，更須改變他的生產方式和生產技術，甚至撤換他的生產員工。行政機關的情形亦復如此，以往行政機關的目標可能僅著重經濟發展而忽略了大眾福利，可是目前則兩者兼顧。這一目標之修正，對行政機關也產生了頗大的影響，舉凡有關組織內人事和預算之調配、組織之重新調整，和單位之間關係配合等，皆須重新整頓。

（三）技術之改變

技術之改變必然影響工作方法之改變。例如機關組織以往對資料之處理，多靠手工，目前則採用自動化或電腦化的作業，便是最好的例子。技術之改變不但影響到組織結構之改變，進而更影響到社會心理系統之改變。所謂社會心理系統，就是個人行爲和人際間之互動行爲所形成的一種複雜關係。技術之改變不但影響到個人行爲，同時也影響到人際之互動行爲，例如企業組織在未採用裝配線的生產前，人際關係是一種面對面的關係，人際間的互動行爲至爲密切。可是採用裝配線的生產方式後，這種關係更遭破壞，進而影響個人心理和個人行爲，也影響到羣體心理和羣體行爲。

（四）組織結構之改變

組織結構之改變，往往由其他方面之改變而引起。組織結構改變，涉及兩種不同方式：(1)由一個部門劃分成幾個部門，或將一個附屬單位提升爲一個獨立單位。例如臺北市政府之地政處原來是民政局之一個附屬單位，現已提升爲與民政局平行之獨立單位。這種情形往往是爲了收

到功能專業化的效果。(2) 將幾個單位合併為一個單位，如人事與安全之合併，便是一例。這種情形是為了簡化工作程序，藉以提高工作效率。

如果我們將視線再投射到廣大的整個社會甚或國際，我們不難發現，許多組織結構型態非以往所能比。諸如企業組織之合併經營或國際的企業公司組織，行政機關的交通系統或學區系統等，皆係由於受到環境因素的影響而發展出來的新的組織結構型態。

（五）心理社會因素之改變

以上我們曾提及，機關組織內有一心理社會次級系統(psychological subsystem)，也就是人員之個人心理狀態和人際間互動行為所形成的團體心理狀態。組織目標能否有效之達成，有賴人的因素。人各具有超出我人想像之外的潛能和智慧，組織之成功或失敗，視這些潛能和智慧能否充分發揮出來而定。因此，如果人員和團體的士氣能夠提高，其動機能夠予以激勵，那麼人員的潛能和智慧，必能充分發揮。這樣一來，對組織必產生極大的衝擊。

無論受何因素的影響，組織改變必會影響到心理社會次級系統之改變，但改變能否成功，賴於心理社會次級系統的反應。換言之，心理社會次級系統對於從事組織改變，扮演著一個極為重要的角色。假若組織改變牽涉到人員行為之改變時，那麼組織改變必須首先獲得人員心悅誠服的支持，否則，改變必會遭遇失敗。

（六）管理次級系統之改變

管理次級系統在組織中的主要任務係情報資料之蒐集和分析、規劃、制定決策、和控制等。一言以蔽之，其活動的目的，主要在維持組織與環境間動態的平衡關係，對內維持組織穩定和轉換之間的動態平衡關係。管理次級系統所面臨的是外在環境急劇改變的一個局面，急劇改

變的結果必導致組織之日趨複雜化。因組織之複雜化，使管理程序也隨着漸趨複雜化，從而造成管理工作之困難。因此，負責從事管理工作的人，對於許多管理問題，不諳造成原因，更無法著手解決。目前負責管理工作的人所不能忽視的，就是對環境或各種情況須不斷地詳加診斷，並須根據權變觀點，從事不斷的規劃和控制組織活動的工作。管理行為形態，並非一成不變，須視不同的情況採用不同的管理方式。除上述之外，他對一般曖昧的情況更須能够立即分辨清楚，而且能應付自如。

由上述可知，管理人員在組織改變中，的確扮演著一個重要角色。他既是一位決策者，自然也是一位組織的改變者。在組織改變過程中，管理人員的管理行為必須能隨時調整，領導形態與控制方式也能做適時的適應。管理人員所從事之組織改變，可能有各種不同的情況，例如他是否接受別人的建議、或主動採取行動，抑或是雇用諮詢人員，藉以達到組織改變的目的。諸如市場研究人員、作業分析人員、工業關係人員所提出之研究報告和建議案等，均可達到組織改變的目的。

根據系統分析理論，組織內本含有五個次級系統。我們討論組織改變時，亦須參照這五個次級系統，逐一加以分析。不過，我們所要強調的，就是各個次級系統之間必具有交互依賴的關係，也就是說，任何一個次級系統之改變，必會影響到其他次級系統。唯有顧全到這種交互依賴關係，討論的結果始不會犯以偏概全的弊端。

第二節　　行政改革的結構

由於行政改革是一種將新觀念、新方法，和新制度組合應用於政府行政的措施，所以必然包含許多新的價值和新的行為方式。因而，當這些新的價值和行為方式一旦引進組織，卽應加以保護和撫育，直到被那

些受行政改革所影響的人接受為止。如此說來，僅僅引進一些借自別處的方案，並不能就算完成了一項行政改革。相反地，行政改革乃是一個複雜的過程，在這一過程中許多因素相互影響，而其效果也必須經過一段時間才能顯示出來。基於這一見解，我們便須探討一下行政改革的結構，以尋求任何改革都具有的一些變數。在任何一項改革中，我們至少可以指出三個較大的變數範疇 (categories of variables)：

甲、改革的本質 (nature)；

乙、改革的推動者 (agents)；

丙、改革的環境 (environment)。

改革的本質，又可以用對象（包括內容、複雜性、實行的層次等）以及方案的範圍 (scope of the project) 這兩個次變遷(subvariables)，來加以界定。這是一個與改革的策略 (strategy) 以及指導密切關聯且最富彈性的變數。改革的推動者這一範疇又可以用： (A) 改革者 (reformer) 的特性，和(B)改革機關 (reform agency) 與相關機關的內部結構來加以界定，這些都是行政改革的內在因素。而環境則是外在因素，主要的環境因素包括有(A) 政治結構，尤其是改革的推動者與政治領導者之間的關係，和 (B) 改革的時宜， 這又包括社會和政治的一般情況 (conditions) 以及社會和經濟發展的程度。

一、改革的本質

過去幾十年來，行政改革在許多發展中國家，一直都只著重於幕僚性的工作，如人事、預算、組織與方法等；而行政技術和程序則為主要的改革對象。改革的方案 (reform projects) 依據實際的計畫或制度 (institutions) 而設想者， 為數寥寥。至於改革的範圍，其情形亦同，多為一些政府職位分類或績效預算制度等的大規模改變。一些從事改進

組織和管理計畫等小規模的嘗試，很少視為行政改革。因此，許多改革的努力悉被埋沒，儘管具有相當值得注意的潛力，亦係如此。有關行政改革對象和範圍的素來想法，也把改革的責任推到一些中央管理機構，如中央人事局或預算與供應局等身上去。各地方機關所擬議的改革方案，卻很少受到確認。

然而，最近幾年來，此種形勢已在改變。一些非由中央管理機構所推動的實際計畫和設計，正逐漸被確認為改革的真正所在。同時，一些革新的制度，也因具有廣泛的改革作用，而漸受重視。

改革的對象、領域和範圍等的選擇，與其他兩個變數具有密切的關係，這兩個變數就是改革的推動者以及改革的環境。有關這三者的相互關係，我們將在下一節中，與改革的策略一起加以討論。

二、改革的推動者

在行政改革中，改革者是一個非常重要的變數。其人格（personality）為何？對改革設計所具有的知識和經驗為何？在組織中所能獲得別人自發性的支持（spontaneous support）又有多少？是否改革者很多，而且多到成了一個團體？假如是，則其團體取向（group orientation）又為何？這些改革者是土生土長的（indigenous）？抑或是外來的？這個團體在有關組織的整體結構中的力量究有多大？改革機關在整個政府結構中的地位又如何？這些都是與改革推動者的特性有關的關鍵性問題。

許多亞洲及其他地區的個案研究顯示：改革團體的取向至為重要。舉例而言，一羣集中在中央管理機構的改革幹部（cadre），所表現的強烈控制取向（control orientation），就有不利於其所推行之改革的真正目標（the very objective）的傾向。改革觀念的起源（origin）也很重要。往往在一些發展中國家裏，我們常可發現一項千真萬確的事實，那

就是一項改革的動力 (impetus)，總是來自外面，特別是來自一些外國的顧問。但就一項改革而言，假如我們要使之在本土生根並繼續茁壯，則提倡的重任應由內部的人員負起。欲如此，則改革機關的內部結構，必須具有足夠深厚的基礎。一項改革必須擁有一羣重要的推動改變的人 (change agents)。 具備一個由強有力之外在力量所支持的鞏固領導仍然不夠，提倡改革的個人或團體，必須在內部擁有足夠的改革推動者以支持其領導，這又需要有系統的訓練和甄補 (recruitment) 不可。 同時，這也需要在改革機關內部以及相關的組織中，建立一些改革的據點 (reformist elements)。一個欠缺適當內在力量的改革設計，很容易遭到夭折。

其次，對改革機關之內部結構，具有重大影響的一個因素，就是一個國家所具有的官僚文化 (bureaucratic culture)。一個國家有何種官僚制度? 此官僚制度是否易於接受改變? 抑或抗拒改變且有害於創新? 這是幾個與改革的成敗具有密切關係的問題。在許多發展中國家裏，尤其是那些脫離殖民統治而獨立的國家中，我們經常發現在固有的官僚制度內存在著一種很微妙的情勢: 其結果是產生一種以「年資崇拜」(a cult of seniority) 為基礎的特殊文官制度 (civil service system)。在這一制度下，官僚制度內所有較高的職位，都被那些原有的人員所霸佔，這些人不但所受的教育相當有限，而且也只具備少許在以前殖民政府下任職所得的行政經驗。他們在與那些獨立後才進入官僚組織但卻具有較佳教育和訓練的人員相比較時，便往往產生一種強烈的自卑感。為了避免暴露自己的這種弱點，他們便極力逃避創新，同時更忌諱改革。

所謂行政改革，就是必須將現存的不合理的事態加以改變，其實革新本身就是十分抽象的。社會是由人所組成，一切社會制度也無非是許多人的行為結合體。在某些規範與價值支持下的觀念，也由此而維繫保

持著，假如觀念和價值改變，人的行爲模式也跟著改變。因此談改革，必須先改變人的行爲模式，而要改變人的行爲模式則必須先從觀念著手。中山先生在孫文學說中心理建設序文裏曾言：「…國者人之積，人者心之器也，而國事者，一人羣之心理現象也…吾心信其可行，則移山塡海之難，終有成功之日，吾心信其不可行，則反掌折枝之易，亦無收效之期…夫『心』也者，萬事之本源也。…」而此所謂之「心」就是觀念，一社會觀念的移轉，將是改革的最大動力。同時，違反潮流的改革，則將被視作「不識時務」，其結果必定難逃失敗的命運。

同時，在能接納新觀念的前提下，社會的開放性（social open system）也是非常重要的，所謂開放性的社會，就是社會溝通的流量相當大，並且彼此間意見交流、相互諒解、相互妥協，沒有社會上的特殊優越的階級，也沒有社會奴隸性的意識存在。這樣在優勝劣敗的公平競爭原則下，不合時代的制度自會漸被淘汰，具有卓見及創新的人才，也不怕被摒棄於一時。因而新觀念、新制度、新血輪的來臨，也將循環不息，以應付社會上和政制內錯綜繁多的問題。從長遠觀點看，改革的新觀念乃是一項極爲重要的行政革新條件。

此外，在行政革新的過程中，更須具備防止衰退的活性功能。所謂行政制度的防止衰退（negative entropy），乃指制度本身的生生不息性。行政革新既然是在社會體系之下的一種求新、求變，我人不妨把它納入生物界系統範圍裏的新陳代謝功能，來作一比較研究。班特蘭菲（Ludurig Von Bertalanffy）曾言：「生命系統能維持其自身穩定的成長，而避免衰退的產生，並且可以促長其生命歷程與組織。」（Living systems, maintaining themselves in a steady state, can avoid the increase of entropy and may even develop towards states of increased order and organization.）〔Kast, 1976: 123-126〕，這句話

的意義若用於行政組織中，以說明改革的精神乃在於要求其制度生長歷程之永續的話，那麼我們便可以充分解釋革新是在「變中求變」（The change to change），並說明其間的道理了。當然，它也是需要最開放的社會系統下完成汰舊換新的使命。

　　不過，要獲得制度之新陳代謝，必須要將物資（material）、能源（energy）、資訊（information）等各方面加以配合，假如社會不在客觀的情況下，將這些因素作有利的轉換（transforming）與重配（redistributing），則這個制度的活性功能將淪入衰老（deterioration）與死亡之途徑。

三、改革的環境

　　政治環境在行政改革中的重要性，並不亞於官僚治體（bureaucracy）的內部結構。尤其在一個國家裏，政治領導階層的支持或倡導（initiative）與否，常足以決定改革的命運。另一與此相關的問題，則為政治制度之是否容忍行政改革，這也就是說，只要某一政治制度充滿對行政的漠視（apathy），那麼在這一制度裏，便很難有任何實際意義的行政改革。

　　另一個重要的環境變數，就是改革的時宜。天然的災變以及像戰爭和革命等政治的危機，均能提供引發行政改革的原動力。一項行政改革常能因此種時間上的客觀情勢，而獲得有利的時機。時宜不僅能提供政治上對改革的支持，或不支持，而且也可以使得先前的或同時的改革出現或不出現（這是指時宜可以決定是否在某一改革之前有另一改革，或者在某一改革之同時又有另一改革）。當其他相關的改革已經展開或正在同時展開時，這些改革便提供了「功能上的接合物」（functional linkages），這對於爭論中的改革的維繫相當重要。

時宜的另一個因素就是社會——經濟發展的程度，這與在任何時刻所實行之改革型式（type）和範圍的選擇，息息相關。一些在以前某一時間可能被認爲是不適合的或不成功的改革計畫，可能當進一步的社會和政治變遷發生時，變得非常切合時宜。因此，要評估某一改革卽須花費一段長的時間，以便測度（gauge）其先後的效果(sequential effect)。

這些變數如何地相互影響？ 事實上， 當改革推動者洞悉環境的形勢，著手選擇改革的對象和範圍，並且獲得內外不同程度之支持，而加以實行時，一項行政改革可說卽已開始。這種有意識地巧妙運用「各種因素之各種組合」（combinations of factors） 的行動， 就是策略 （strategy）。

行政革新的重點，不論強調那一方面，其最後的結果必定是要適合該社會的需要。所謂適合者，是指對於該社會的基本構成因素——自然環境及人文狀況兩者，是否適合。如果不能適合，則任何其他社會行之有效的優良制度，對於這個社會也不一定適合，甚或利少害多。盤尼西林是可以治療許多疾病的特效藥，但如果體質不適合的人，注射之後卻可能休克而死，這實在是一個最佳的例證。

公共行政是人類社會中的一種制度或體系，從事比較行政問題的研究者，不僅應研究各個不同制度的結構本身措施的同異；更應該追究其何以發生這種種同異的原因。不僅可以用各個不同社會背景分析，而且更可以透過上述相對標準的運用而知其梗概。當我們看見某種行政制度或行政措施在美國或其他國家行之十分有效，我們是不是就可以因之率爾卽予採行？

前段提到比較行政之研究，須就各個社會背景分析，西方學者大都主張如此，也對此用力最勤。比方說雷格斯先是「農業社會模型與工業社會模型之比較研究」(Agraria and Industria: Toward a Typology of Comparative Administration)；而後又提出所謂「鎔合——稜柱——繞射」(Fused-Prismatic-Diffracted Model) 的社會類型，以確定行政發展理論的建立。我人深信，在這種種模型之下，衡量本身社會發展情況，所應採行的方法與策略，均有它個別性的區分。因此，適當行政制度的採用，也成爲行政革新的重要條件之一。

　　當然，政治穩定對於推動革新的影響也非常之大。革新方略應該建立於政治的參與和安定之上，而且應該設法加強；也就是說全面性的改革事業，必須爲大多數國民所接受，以避免政治上的不安，甚至革新所運用的行政管理方法和組織，也都要被各個階級的人員所了解和參與。

　　本來，興革事業牽涉範圍至爲廣泛，不可能爲人人所贊同與滿意，如整頓稅收、土地改革、裁減冗員等，必定會遭遇到一部分人的利益受損而反對，在這種情形下，政治參與遂成爲最好的妥協辦法。這些情形，在開發中國家尤爲重要。因爲這些地區的經濟力量薄弱、外來政治干擾頻繁，國家施政方針難以把握。其結果，不是落入軍人執政的局面，就是因爲尊重人民主權的政治過程而帶來紛亂，甚至無法處理的情形。所以政治的參與和安定，也成爲行政革新的另一條件。

第三節　行政改革的策略與方法

一、改革的策略

　　策略是行政改革中的一個運用性變數 (manipulative variable)。運用的主要對象是改革的型式、範圍以及速度。策略一方面受改變推動者 (change agents) 的制約，另一方面也受環境的約束。當改變推動者很軟弱而改革機構的內容結構又無法從事一種重大的變革時，改革的範

圍和速度，卽需加以折衷。不論改革推動者是如何的強而有力，假如政治和社會的環境並非有利的話，則任何激烈的改革努力，亦需加以緩和。

改革策略中一個最引起爭辯的問題，就是有關選擇改革的範圍和速度的兩個主要選案(alternatives)的優劣問題。這兩個選案就是全面的改革或漸進的改革(comprehensive reform versus incremental reform)。此問題的討論，足以引發各種變數之不同模式的連鎖。因此，我們將在下面詳細討論這兩個主要的策略。

（一）全面的策略

數十年來，許多開發中國家的行政改革，一直就是採用這個策略。他們所採取的模式是：通常被選擇作爲推動改革的工具 (instrument)，是一個已經控制著若干一般行政過程的中央管理機構，如人事、預算、組織與方法(O&M)；或一龐大的改革委員會。當此種計畫同時且普遍地推行到政府各個部門時，通常都能獲得當權派政治領袖的支持，但卻很少獲得立法機關和政黨的適當支持。同時，負責推動改革機構裏的一些中心人物，也遭遇到贏取官僚治體內部支持的困難，甚至經常遭遇到來自內部的反抗。由於受到這種初期困難徵象 (the early signs of difficulty) 的阻撓，改革推動者便逐漸地改採守勢，同時也有將新的技術當作控制工具而非改革工具 (control tools rather than instruments of reform) 的傾向。

究竟這種全面的策略有何不妥？是否適於開發中的情況？的確，它具有許多優點。一個最顯著的優點便是更適於把握高階層政治領導者的想像力 (imagination)。這就是事先假定有使行政改革成爲一項主要政治計畫的領導存在。

當然，強有力的政治支持對於任何改革，都是一個重要的因素，但

是，如上所述，一項行政改革亦必須獲得官僚治體的支持。在改革計畫中尤其需要一些與行政職能相配合的「功能上的接合物」。但官僚治體卻充滿了對革新的抗拒。 只憑少數幾個雄心勃勃的改革領導者， 即便獲有政治領導者強而有力的支持，在一短暫的時期內，仍不足以完成一項複雜的改革。任何一項改革，不論其規模大小如何，均應有使新觀念或新過程與其他同時存在的職能相互銜接或相互調適的時間，換言之，一項改革在時間上必須獲得在先的與其後的各種努力的支持，而在空間上則需要靠其他同時進行之改革的增援。領導的持續與不斷的政治支持，這兩者之所以特別的需要， 就是因為這個理由。 但由於領導經常受制於改變，所以改革計畫的制度化 (institutionalization of the reform doctrine)，應經歷各種不同的階段也是必須的。人們常以為只要透過像新文官法或行政重組方案的公布等手段， 引進一項全面的改革， 則該項改革即告完成，但這卻是一種謬誤，亦即一種將改革視為「產出」（output) 而不是過程（process）的謬誤。

　　事實上，任何「全面性改革」的全面性 (comprehensiveness) 都是相對的，即使是一項最具全面性的改革,也只涉及行政實況 (administrative reality) 的少數層面而已，因此， 必須獲得其他改革的支持。 更何況，當一項改革引進整個政府時，總有一些「帶頭領導的機關」，在這些領導機關裏，同樣的努力卻常能獲致更快更多的結果。只有當改革領導者，體認這種現象的重要性時，那些對於維繫前進動力具有必要的運作環節 (operational links) 才能獲得確認。在這種情況下， 即使是徹底的 (all-out) 改革，也能成功。

　　反過來說，假如改革領導者，在一巨大的改革行動中，企圖保持一種普遍的平衡 (across-the-board balance)，而卻忽視若干限制， 同時又堅持對各方面作相等能量 (energy) 的投入時， 那麼勢將白費許多時

間、人力、物力和財力，而只獲得有限的成果，並貽笑於社會大眾，且喪失「改革推動者」的士氣和衝勁。這就是近數十年來許多亞洲國家所實行之全面改革的情形。

（二）漸進的策略

另一個主要的選案就是漸進的策略。其想法是，任何重大的決策，實際上都包含醫治「特殊病症」(specific ills)的「漸進改變」。根據這種方法，行政改革總是「一個單一的步驟」 (a single step)。單獨時，這一步驟只是「一個小的起點」(only a minor departure)， 但如果與「一連串後續的步驟」(a chain of subsequent steps) 接合時，即能導致創新。

這種方法視行政改革為許多連續的鏈 (sequential chains)， 同時也認為行政改革應具有若干階段。換言之，改革為一種過程，亦卽一種經常的工作。依此觀點，訓練便受到更大的強調。訓練不僅包含改革機構的人員，而且也包括其他有關機構的人員。經常舉辦各種研討會和新進人員指導會(orientation)，以及一系列的追蹤訓練 (follow-up training)，就是這一策略的特點。

漸進的或稱特別的（ad hoc）方法，有其優點和限制。因為是一種漸進的方法，所以具有實驗和在改革推動者之中建立信心的長處。同時由於範圍有限，所以也具有在改革初期較不受外界干預的優點。但是，卻也因此而使得這一策略很快便達到了極限。雖說這一策略在初期比較不受外界的干預，可是，常常到了某一階段後，卽使是一個規模很小的改革，也免不了會受到政治的感染，而需要某些廣泛的政治支持；但這往往又是很難得到的，因為這種改革計畫的目標太有限。因此，除非這一途徑能夠漸漸演變成一個較廣泛的策略， 否則改革 的衝力便 很難維持。

以上的討論，提示了一種改革策略的辯證式連續體（dialectical continuum）。其內涵是：有限的策略（the limited strategy）應該演變成一個較廣泛的策略；而全面的策略（the all-out strategy）則需在執行的過程中，作重點或特別的運用。下面我們將依據這個辯證法發展出一個行政改革最佳策略的簡易矩陣〔a simplitied matrix of optimum strategy）〔Lee & Samonte, 1970: 1-20〕。

（三）一個最佳策略的矩陣

爲了表達簡便起見，我們將只考慮兩個變數：時間和領導（leadership）。事實上，這兩者可以被看作是一種合成的概念（composite concepts）——前者由社會環境和政治結構所組成，而後者則包括改革推動者和改革機關的內部結構。下圖就是這兩個變數組合結果所得的一個策略矩陣（a matrix of strategies）：

可行之策略　時空環境　推動改革者		時　　　　間	
		有　　利　　的	不　　利　　的
領	有利的	（甲）全面的策略	（丙）漸進的策略
導	不利的	（乙）漸進的策略	（丁）無

圖 5-1　一個最佳策略改革的矩陣

（四）矩陣說明

甲·這是社會、政治環境和改革領導都有利的情形。在此種情勢

下，採取全面的策略乃是正當的。

乙·這是社會和政治時宜都很適當，但卻缺乏有力的改革領導的情形。在此種情況下，改革的倡導力，可以來自官僚治體之上，也可以來自官僚治體之外。在此兩種情形下，都有嘗試全面策略的意圖，但此種意圖必須加以克服。同時在運用有限的策略時，也應以選擇為基礎，以確定一些經過仔細遴選的計畫，如此之下，這些計畫才能彼此相互增援。此外，在實行的過程中，應特別注意有能力之領導團體的培養，以便逐漸形成對改革有利的領導。

丙·這是具備有改革的領導，但時宜卻不利的情形。在這種情形下，改革的倡導力，通常都是來自官僚治體的內部。領導者在這樣一種準備不良 (ill-prepared)，或甚至是嫉妒的 (jealous) 政治環境下引進改革，實在應該非常謹慎。對於改革的倡導力尤須小心地節用 (carefully husbanded)，以使之生根且持續到一種有利於更廣泛改革行動的時宜發生。總之，其策略應是一種有限的。此外，應該建立起各種有關的力量，並且必須從其他現時也在進行的改革中尋求增援。一個孤立的改革必須與其他的改革聯合起來，才能在時宜和政治環境趨於成熟且有利時，發展成為一個規模更大的改革。

丁·這是既缺乏有利的社會和政治環境，又沒有積極的改革領導的情形。這種情形通常只存在於發展過程開始之前。其策略應是一種遠程的 (long-range)。其倡導力只能來自外面。為了創造一些初步的內應 (initial enclaves)，應該採取一種以幾個小計畫作為改革的實驗的方法。

上面這一個矩陣，其作用只是一種啟發性的。改革推動者必須覺察

各種情勢——所牽涉之變數的本質。其次他們亦必須擁有修改其策略，
以適應其所處之特殊情境的彈性〔吳復新，62: 132-134〕。

二、改革的主要方法

推行行政改革的主要方法，有下述數端:

(一) 慎訂革新項目

行政改革之推行，貴在能辨識輕重，分別緩急，妥慎選擇某一階段
的革新項目，以作確實深入的改革，而收次第完成之功。好高騖遠，含
糊籠統，必因缺乏重點而難收實效。此種選定的革新項目必須是屬「實
質性」的 (substantive) 或「體制性」(institutional) 的重大事項，而
非一些支離破碎，無關痛癢的枝節問題。

(二) 妥擬革新範圍

行政革新的範圍要盡量建立在原有的基礎上，鄂布巴 (J. V.
Abueva) 曾指出: 「行政革新的規模愈大，愈難加以管理而難期有
效。」聯合國亦曾指出: 「只有在不違反原有傳統精神的範圍內，提出
行政革新的措施，才能獲得良好的反應。」在有利的環境下，自可採用
「全面性」(comprehensive) 的革新方案; 在客觀環境不甚有利的情況
下，則只有採取「漸進」(incremental) 的方式進行。

(三) 縮短人民與行政間的距離

行政文化的革新最重要的是使人民與行政間沒有距離，不再遙遙相
隔; 且行政不再對人民造成威脅或恐怖的感覺。一般而言，行政與人民
之間大略有三種關係: 其一，相互關懷的友好關係; 其二，彼此漠不關
心的冷淡關係; 其三，互不信賴的敵對關係。以上三種關係之中，當然
以友好關係為最佳。

若以前面所提第一種關係為標準，考察一國人民對其行政的好惡或

信賴，亦可知該國行政是否有盡心盡力地履行其使命。否則縱其可提高效率、效果，卻會招致人民反感，行政的意義就蕩然無存。在此所探討的對縮短行政與人民間的距離，以及相互依賴合作的行政風氣，可視爲行政文化革新的第一要件。

（四）由政治來確保行政的自律性

若由政策執行的角度來看行政，其可稱爲政治過程的最終階段。因此，政治與行政兩者爲連續過程的狀態，無法一分爲二，然而兩者在目的、功能及形態上，卻有所不同。政治現象的本質爲權力，而行政的本質則爲管理，若兩者相互侵害，其特性就會彼此破壞，從而功能將無法發揮。因此行政需要有自律性，也就是說，行政不能被政治所侵害，亦不能侵佔政治的領域。固然政治人物與行政人物在機能上有所聯結，但仍有相異之處，如掌權的政治人物將行政人視爲戰利品或屬下，則行政的自律性就運作不開了。此時，行政的自律性被破壞，我們就無法期待正當的政治秩序、行政的穩定性以及對人民的服務。

（五）確認行政爲解決問題的過程

行政並非單純的法令執行工具，而是一種解決問題的過程。若官僚們視行政爲單純的法令執行，自然會要求其簡單化，使行政形成他律性或被動性，而無法有自律性或自主性，並且對自己的行爲不存有目的性或意向性。若官僚們將行政視爲解決問題的過程，或一種事業計畫，則會對行爲內容有目的性與意向性的考慮，並會對人民存有一種積極的協助態度。

（六）事實取向的思考方式

在輕視事實的社會中，政策決定難以合理，往往形成主觀意識型態之間的對立，或偏見與直覺對決策的混淆，此時政策決定往往只是強者的意思。因爲在輕視事實的社會裏，往往僅有強者可一言九鼎。

事實受到否定,將不會有合理化與科學化行政的出現。事實取向的思考可與行政的合理化與客觀化並行,且可解決行政的內部矛盾。因為行政上的矛盾多為對事實的誤解,而只有少數才是價值選擇上的差異。因此,我們必須抑止對事實之誤解,以減少矛盾。

(七)抑止初級團體的意識型態

一般所謂初級團體乃由地緣、血緣、學緣所構成。若執著於初級團體的意識型態,則本位主義、人情關說、因緣關係將支配行政。

若初級團體在行政範圍內不按牌理地運作,則不但助長了行政內部的對立與分裂,而且也限制了其能力與運作範圍,甚至消滅了官僚體制中對事不對人(impersonalism)的理性原則。此外,擁有強烈初級團體意識的人,不但缺乏對自我實現的欲求,而且也缺乏對正式組織的忠誠。

(八)形成目標取向的思考方式

所謂目標取向的思考方式,是指官僚們關心的重點為其目標或計畫。將自己工作份內之事視為目標,而為了完成其目標,則必全力以赴。若分散其注意力到目標以外的事務,則將降低行政效率及其服務品質。

目標取向的思考方式並非輕視人際關係,只是認為人際關係必須次於目標,認為過份著重感情的人際關係會形成人們的投機心理,並抹煞了行政的客觀性〔白完基,1984: 160-165〕。

行政學者凱頓(G. E. Caiden)曾詳細調查分析開發中國家多種行政革新的成敗事例,結論提出十六點有關行政革新的建議,茲條列如次〔Caiden, 1976: 290-291〕:

第一、革新者不宜好高騖遠,企圖一舉完成所有革新事項;

第二、不宜求全責備;

第三、不可疏忽各種必要的中間階段;

第四、必須創造良好的革新氣氛（reform climate）和新的思想與行為模式；

第五、必須慎防各種有害之後果的發生；

第六、切記世事多變，不宜盲目抄襲成規；

第七、接受現階段所能獲得的成就，製造而非破壞未來的機會，避免不必要的樹敵；

第八、盡量利用現有的體制；

第九、縝密規劃每一個階段，在進行次一階段之前，並須對前一階段加以評價檢討；

第十、在全面實施之前必須有一試行階段，或將行政革新限於某一較小範圍；

第十一、將革新事項與原有的或眾所熟知的打成一片；

第十二、特別注意輿論的反映與現況的反饋；

第十三、必須提供持續性的革新方案；

第十四、革新計畫必須具有彈性並有明確的目標；

第十五、必須設置可靠、有力的革新管理機構；

第十六、必須權衡得失，隨時評估、考核革新成果。

參 考 書 目

白完基: 《行政學》，韓國漢城博英社，1984年版。朴光得、胡溪青合
譯: 〈行政文化〉，《憲政思潮》73 期，民國75 年 3 月，160-165
頁。

吳復新: 〈行政改革的概念、結構和策略〉，《憲政思潮》，18期，民
國62年5月，126-134頁。

彭文賢: 《系統研究法的組織理論之分析》，臺北聯經出版社，民國69
年 9 月初版。

Caiden, Gerrald E., *Administrative Reform*, Chicago: Aldine
Publishing Company, 1976.

Isack, A.C., *Scope and Methods of Political Science*: *An
Introduction to the Methodology of Political Inquiry*, Hom-
ewood, Illinois: The Dorsey Press, 1975.

Kast, F.G. & J. Rosenzweig, *Organization and Management*:
A Systems Approach, New York: McGregor-Hill Book
Company, 1976.

Lee, Hahn-Been and A.G. Samonte (ed.), *Administrative Reform
in Asia*, Manila, Philippines: Eastern Regional Organization
for Public Administration, 1970.

第六章 我國行政的生態與行為

　　行政生態學的研究，基本上應從兩個角度出發：一是探討特有的社會、文化，和歷史等因素，如何影響並塑造公共行政；一是，反過來看既有的公共行政又如何影響其社會文化。但困難的是：足以影響行政的生態背景 (ecological setting) 實在太複雜了，譬如宗教信仰、民族習性、憲法精神、政黨組織、氣候，甚至公共汽車的便利與否，無不屬之，這些因素當然直接間接的，或多或少的都可能影響公共行政，但有的顯然重要，有的則無足輕重。可是，如何區別其較重要或較不重要，或較多影響與較少影響，則是一件困難的事情，同時也多多少少帶有一些武斷的色彩，這也就是為什麼不易建立「行政生態理論」(a theory of administrative ecology) 的一個重要原因。

　　當然，就影響行政行為的程度來說，現行的政府結構與經濟因素，自是極為基本的環節。但就我國而論，上下綿延五千年的悠久文化，傳統的價值體系與社會結構，對於行政行為的塑造與影響，更是一股不可忽視的力量。為求涵容縱橫兩個面向的探討，並兼顧靜態中的動態面起見，本章將從傳統和變遷中的兩種角度，並根據第二章有關行政生態的剖析面向，分別闡述價值體系，社會結構，政治系統，以及經濟制度等四個因素，所加諸於我國公共行政的影響。

第一節　價值體系

一、價值體系的精義

　　分析傳統中國文化的價值系統實在不是一件容易的事，中國傳統的社會文化是極其繁富的。 現在所進行分析的 只限於其影響 中國社會制度、人生態度、行為模式，以及行政行為最深遠的價值。

　　(一) 崇古尊老: 照雷斯曼 (D. Riesman) 的說法， 中國是一 「傳統導向」 (tradition-direction) 的社會，亦卽一切是唯古是尚的。 「堯舜之治」 被描摹為黃金時代的 「理想型模」 (ideal model)。最好的政治是「三代之盛，得以徐還」，最好的人是「今之古人」，從而形成了濃厚的「退化觀」。佛羅倫斯克羅孔 (Florence Kluckhohn) 在她所建立的「價值取向的一般理論」中指出，中國人的價值是強烈地趨向於「過去」的。此外， 與中國人「崇古」 相關的是 「尊老」 思想。當然「尊老」思想與中國之為農業的倫理社會有著最深的關係。 在一農業的倫理社會中， 老人常是青年的領航，他們是祖先所遺留的智慧與經驗的庫藏 ， 因此權威常在老人手中，故中國成為一 「老人取向」的社會 (age-oriented society)。

　　(二) 內聖外王: 在古代中國，一個知識份子最大的慾望是兼有內聖功夫， 外王事業。 內聖外王亦是儒者的 「理想的自我形象」(ideal self-image)。內聖是最高的獨善自修，外王則是最高的兼善他修，亦可說是「己立立人，己達達人」的最圓

滿的光景，或「修己以安人」理念的徹底實現。作為一個儒者，他應不只以做到「君子」為滿足，而必須做「官」。君子唯有在政府中獲得一個職位，才能達到其安百姓，平和天下的目的，故宋代范仲淹的「先天下之憂而憂，後天下之樂而樂」即成為儒家文化中的「大傳統」了。以是，「學而優則仕」可說是這一文化理念的自然要求，而做官成為士人的一種宗教的看法也是很正確的。循著此一思想的發展，乃造成中國社會文化特殊的現象，即「士大夫王國」(scholardom)與「官僚王國」(officialdom) 的重疊。

(三) 君子與通才：儒家思想的基本性格是人文精神，一切經典與價值活動可說都是根源或環繞於人文思想的，君子是人文精神的實際代表。而人文精神則是一全幅的展現，不能落於一技一藝的，故君子必然是一通儒(一物之不知，儒者之恥)，而不是一專才，因一為專才，便無足觀了。孔子所謂「君子不器」，意殆在此而不在彼。韋伯(M. Weber)指出中國之教育，非為訓練專才或激勵英雄性格 (awaken charisma)，而在養成嫻於經典之文化人。文化人之基本性格在於：他不是一個工具 (tool)，亦即他本身即是一目的，而非手段。故拉伐生 (J. R. Levenson) 說儒家文化中一個最顯著的價值觀念是「反專業主義」(anti-professionalism)，孔子教育乃一「反職業的經典主義」(anti-vocational classicism)。

是以，中國人缺少一種「理性的專業化」(rational specialization)心理，或缺少一種帕深思 (T. Parsons) 所說的「工具取向」(instrumental orientation)，絕對地走上了反專業化的道路上去，其結果是形成一種高度的「混合」(fused, diffusion) 的現象，在學術上如此，在

政治上亦如此。嚴幾道嘗言：「中國帝王下至守宰，皆以其身兼天地君親師之眾責」，用社會學的詞語來說：每個「角色」都是高度「功能普化的」(functionally-diffuse)〔金耀基，58:10〕。

二、對行政的影響

上面所舉出的三點，當然無法窮盡古典中華文化的價值系統，但這三點確是中國人所注重的，它們不但形成了中國人行為的標準，而且也多少塑造了中國人的行政文化與行為特質。

（一）崇古尊老與順從領導

在我國倫理觀念中，認為「孝弟而好犯上者鮮矣！不好犯上而好作亂者未之有矣！」故古時多求忠臣於孝弟之家。在家庭內的禮制與服從，可類化成為政治上的忠君行為。基於這種擇人品德的標準，故凡能光宗耀祖，而置身於仕途之人，大多是事親孝、事兄悌，心性溫順者。這種循環影響的結果，使得處於部屬地位者皆易順從，而高踞領導地位者常獨斷獨決。組織的效率可置之其次，而忠順則變為主要條件。現在這種忠順的習尚雖淡薄的多了，但主管多偏愛善解己意的部屬，而部屬亦多視奉承迎合為進身之道。故造成今日組織中，善做人者不必善做事，而僅善做事者，可能偏勞終身。

另一方面，組織中的領導與服從的模式，亦植基於服從權威與長上的性格，而投射於領袖與成員的關係上。組織的領導者，不止具有合法的地位與權威，部屬對其傳統性權威深具敬佩與順從，且頗具情感上色彩，因此在領導者與部屬間的衝突方面，其衝突之次數與深度是較少並且和緩，即使是衝突之情況，也由於數千年來禮制的感染薰陶，而在表面和諧的狀態下進行，較少公開的爭論，亦即將爭執完全予以禮化了。因為在領導者與部屬之間的文化認同是和諧的，不止較少衝突，且緊張

狀態亦小。

　　(二) 內聖外王與形式主義

　　中國社會上人與人之間的關係，多沿襲於傳統文化中的五倫關係，一如上文所述，五倫關係，也是建築在縱的權力關係之上。這一縱的權力關係的觀念，恰與歐美社會中重視「個人」的觀念相左。西洋社會中，個人價值之衡量，以其個人的成就爲標準。中國社會則重視個人與團體之間的關係，個人價值之高低，則以其個人所認同的團體在社會地位的高低爲衡量的標準。就以稱謂爲例，在行政機關中，下級人員稱上級主管，只能稱呼他的職稱，決不能稱他姓氏，例如稱「局長」，而不能稱「王局長」。假如姓與職稱一起稱呼，便構成對上級的不敬。平行級之互稱，也須以「兄」稱呼對方，唯如此方能維持人與人之間的和諧關係。

　　在避免人與人之間的衝突，除依賴權力之干預和禮貌之稱謂之外，經常所習見的行爲形態，乃爲個人情感的壓制。在人與人的交互行爲中，內心的情感，不宜做刻骨的暴露，因而使行爲完全走上形式化，人的情感埋藏在內心，行爲的反映恰與情感走相反的方向。人外表上所提的意見，往往並非心內的眞正意見。唯如此，方可維持與他人的和睦關係，進而獲得安全感〔姜占魁，65: 8; Redding, 1983: 92-123〕。

　　(三) 人文精神與反「科層治體」

　　儒家人文主義的價值觀可以說與韋伯的科層組織所要求的工具性合理原則水火不容。我們試簡要地加以說明：(1) 韋伯的型模著重分工與專業，故強調技術性的專家角色。但儒家理想的「人」之形象是「君子」。君子是人文精神的代表，而人文精神則是一全副的展現，不能落於一技一藝的，故君子必須是一通儒(一物之不知，儒者之恥)，而不是專才，因一爲專才，便無足觀了。孔子所謂「君子不器」，意殆在此。

顧理雅（H. G. Greel）與韋伯皆認爲一個理想的儒者，必不是一專家。錢穆曾說：「…在中國知識界，不僅無從事專精自然科學上一事一物之理想，亦無對人文界專門探求某一種知識與專門從事某一種事業之理想，因任何知識與事業，不過是達到整個人文理想之一工具、一途徑。」〔55: 68〕從而，在中國文官制度中，官吏權威的基礎來自其對儒家經典「規範知識」的掌握，而不在其對「技術知識的」訓練。而事實上，中國的文官制度中不是沒有「專家」，但專家之地位常是「非正式的」，並且是臣屬於「通儒」之下的。而中國在「八股取士」之後，充塞於文官組織中者皆成爲「文章之士」，馴致以「文章」爲「行政」，此現象至現代而未盡去。英儒陶內(R. Tawney)在三十年代初來中國考察，指出中國政府的大弱點「是有政而不能行，是在缺乏有效力的行政制度，除少數例外，中國人簡直不知行政是什麼。」他批評甚力的一點是中國的「文學行政」。(2) 韋伯的型模著重組織工作人員之職業性，卽參加組織者以他的工作作爲終身的職業，而儒家之「君子不器」的反專家意識亦與其反職業意識是相通的。這一點，韋伯也曾指出，他認爲：「沒有比職業的觀念更與儒家的君子觀念相衝突的了」。他還引了李鴻章以擅長詩文書法爲自豪的例子，以說明中國之儒吏並不以行政爲職業的現象。故賴伐生 (Joseph Leverson) 除了一再的強調中國之儒吏具有強烈的「反專業主義」的價值傾向之外，並認爲在現代化的需求下，這種傾向將會逐漸褪色〔金耀基，63: 22〕。

第二節　社會結構

一、社會結構的特質

中國傳統的社會結構是以單系的親族組織為原則，在這親族組織中，正如許烺光先生所說的，是以父子的關係為「主軸」的，從這主軸為出發，在縱的方面可以及於所有死去的祖先和尚未出生的子孫，在橫的外面可以向外推廣而甚至及於一些很難確定有親緣關係的人。根據這縱橫兩方面為範圍，在這範圍內的人構成一個親族團體，就是我們所謂的親族。每一個人在這團體中都有他一定不變的地位，根據這地位從而決定了他與同團體中其他人的關係。在這樣的結構原則下，所有成員的行為也都以父子關係為準則，也就是以尊長敬老為出發點，而後才能維持這結構的存在。我們在一般客套中互問年齡並不是偶然的，這禮貌正反映傳統社會中人與人相互對待的態度是以長幼之序為根據的；我們的親屬稱謂中，長幼之序很明顯的是一個很重要的原則，我們分別兄與弟，叔與伯，姊與妹等等，在別的民族中並不一定是這樣分法的，例如英文中 brother 和 sister 即可以是「兄弟」或「姊妹」，可見他們並不像我們那麼樣的注重長幼之序的。

（一）社會的階層結構

中國思想主流的儒家並沒有階級性的主張。儒家從沒有像柏拉圖那樣把人分為金、銀、銅等不同的屬性。章太炎論孔子之功有「階級盪平、寒素上逐」之語大致是不錯的。但儒家顯然亦承認自然的階層性，而其階層性則是建立在職責的區分之上的，這一觀念由孟子表達得很清楚，他說：「無君子莫治野人，無野人莫養君子」（《孟子·滕文公上》），「或勞心，或勞力，勞心者治人，勞力者治於人。治於人者食人，治人者食於人。天下之通義也。」（同上）勞心與勞力可說是一種職業之分，而儒家的價值觀顯然是看重勞心，而輕忽勞力的。儒家依著孟子的意識型態，把社會組織分為二個階層：在上的階層是君子，其職責在勞心，治人而食於人；在下的階層是野人，其職責在勞力，食人

而治於人；　前一階層是統治者，　即君臣，　後一階層是被統治者，　即人民。「治人與治於人」的二分法觀念是儒家的社會與政治的基本思想。一般地說，在四民中，唯「士」爲「治人」階層，其他農、工、商皆爲「治於人」階層。「治人」階層依孔孟原始的理念是有德的「君子」，而「治於人」階層則是「小人」〔金耀基，前書：25〕。

(二) 人際的從屬關係

中國古典社會是一以倫常關係爲基底的社會，每一個個體不是獨立者，而是在倫常之網中的一個「依存者」(dependent being)。許烺光先生認爲：「中國的社會結構是以家庭爲基礎，家庭中的成員關係是以父與子的關係爲『主軸』，其他種種關係也都以這一主軸爲中心。父子的關係不但發生作用於家庭之中，而且擴及於宗族，乃至於國家。中國古代的君臣關係，實是父子關係的投射。由於中國社會背景的孕育，中國人的性格因素首先是服從權威和長上（父子關係的擴大）」。由於中國人的家庭是建立在父子關係之上的，　因此，　中國社會中，　人與人的關係，常是不平等的，多少帶有從屬的關係。故中國社會具有階層性的結構，人們都有一種「階層性的心態」。

二、對行政的影響

當然，在過去一百年來，由於經濟專業化所造成的結構變遷，以及隨著儒教的沒落，傳統的政治比重也已大見減低。社會上才智之士，在對西方價值的嚮慕與新階級利益的誘惑下，已紛紛從政治的窄門中走了出來，特別是在西方式教育制度普及之後，傳統「內聖外王」的理念，也已經不再有迷人的吸引力了，而隨著經濟專業化的發展，職業將愈分愈細，「治人」與「治於人」的思想，固已隨著民主思想的興起而成爲明日黃花，「士、農、工、商」的貴賤之分，亦已成爲歷史的陳跡。但總結以

上的討論，我們可知行政機關的生態環境，乃係一個被權力關係所籠罩的環境。在這一環境培養之下，人所養成的態度、情感、信念、和意識形態等，乃為依賴性、被動性，以及對權力的敬畏心理。在這種態度和情感之下，一切社會關係之決策權、主動權、和溝通活動之發動權，必操之於權力的掌握者。在權力關係中之無權者，將會採取消極、被動、依賴、和推諉等的態度。在行政的發展過程中，至少塑造了以下諸種特性：

（一）上下層級節制的組織形態過於顯著

機關組織的結構本來就是一個由上而下的縱向體系，這已由德國大社會學家韋伯先生早在五十年以前，就著書闡述，此處不加贅述。不過我國行政機關過於重視縱的關係，橫的聯繫幾等於零，於是造成意見溝通上的困難。領導者在組織的角色結構中，是天生的政策決定者，追隨其政策即為善。故有民可使由之，不可使知之的論調。另則因在中國傳統的性格中表現出服從權威、服從禮法，尊重過去與歷史，循例重俗等特質，這些特質都顯示出依賴、服從等行為。這種行為對有效的雙軌領導，造成本質上的困難。而父權式之角色頂端的領導者，多為發號施令以行使其權威，故難免有強制與專斷的色彩存在。

（二）權力的過份集中

權力為什麼會過分集中呢？　根據姜占魁教授的經驗性調查研究顯示，乃係由於上級對下級之不信任所致。上級不但不信任下級的能力和操守，而且認為下級缺乏主動性，不能做獨立的判斷和決斷，致使大小決策之權，勢非集中於上級不可。其結果，造成下級有責而無權的局面，養成其被動和消極的工作態度。

（三）溝通活動的貧乏

行政機關既然重視上下的權力關係，再加上決策權的過分集中，那麼機關內的溝通活動就出現了幾種特性：

第一、上下縱的溝通活動頻繁，而缺乏橫的聯繫。

第二、重視形式化的溝通活動，而忽略了實際的溝通內容，致使人員僅重視公文的表面文章，而忽略了實際工作的需要。

第三、其結果，上級主管難免顯得手忙腳亂，但下級卻閒得無事可做〔姜占魁，前書: 280〕。

在溝通方式上，除政府「公告」和「口申」外，泰半屬於「耳語」式的傳播。知識份子由於識字的優勢，在傳播過程中是重要的焦點，他不僅是「傳播者」(communicator)，而且也是「意見領袖」(opinion leader); 至於一般民眾則是多數的「接收者」 (receiver)。知識的工具性價值在傳統中國溝通過程中充分顯現，而在傳播過程中的扭曲或神話到處流行。從行政立場來看，政府和民眾缺乏溝通管道，意見的匯聚和釐清難以達成，對民意的尊重和負責則不復存在。

第三節　政治系統

一、政治系統的內涵

古典中國，照鮑達 (D. Boode) 所說，從政治上言是一儒者之國 (the Confucian state)，因中國為「儒吏」 (Confucian bureaucrat) 所統治。從社會經濟上言又為一「士紳社會」 (gentry society)，因儒吏同時亦為地主 (landlord) 之故。

（一）臣屬的政治文化

中國傳統社會的「政治文化」(political culture)，是屬於阿爾蒙 (G. Almond) 所說的「臣屬文化」(subject culture)，即人民沒有一「自我取向」(self-orientation) 或「投入取向」 (input orientation)

及「參與取向」（participant orientation）的政治現象，亦卽人民從未考慮去過問政治，參與政治，亦從未有一「政治主體」的自覺；而只有「產出取向」（output orientation），卽對政府措施之賢否優劣有相當的注意。古典中國，一方面因為缺少民治的觀念，缺少政治的自覺；另一方面又由於在「儒吏階級」（scholar-official class）之外缺少強有力的集團以牽制政府。因此，在理論上，天下雖屬人民，但事實上君主才是天下的主人。數千年來，始終是一家天下的格局。

（二）家產的官僚主義

由上得知，中國的政治權力是「自上而下的」（downward flow）。古典中國的政治型態，照韋伯來說是屬於一種「家產官僚主義」（patrimonialism）〔Bendix, 1962: 100〕。亦卽政府多少是皇室的擴大．官員不啻是君主之僕役，而成為君主私人的倚靠者。而持政府為「父權家庭」（patriarchal family）之投射者亦頗不乏其人。無論如何，過去中國靠一龐大的官僚治體（bureaucracy）所控制，則不容辯駁，而這個龐大的「官僚治體」則為一羣儒吏所控制。換句話說，傳統中國的權力架構主要分為王室和「科層體系」（bureaucracy）。王室的政權在當朝是具有絕對的不可取代性（non-displacement），外戚和宦官則是因王室關係而形成權力架構，甚而進入權力核心。科層體系則是由考試制度所選拔的知識份子所構成，是傳統中國的精英，亦是御用的「行政機器」。王室的權力架構是一個嚴屬的封閉系統，科層體系則具相當的開放性。皇帝是中央權力架構中的「全角色」（total role），掌有全國行政、立法和司法的最高權力；科層體系所產生的地方官則是地方權力架構中的「全角色」，相當自主地掌有轄地的行政、立法和司法權。

在傳統中國，士大夫被高度尊敬的，但最受尊敬的角色卻還是「儒吏」，亦卽「做了官的士」，這是循前述中國重視「內聖外王」的價值

觀念而發展來的。一個士人之所以受人尊敬，不是因爲他有文學或經典上的知識，而是因爲他有變爲「儒吏」的潛在可能性。據韋伯的觀察，「在中國，社會的地位主要是取決於具有做官的資格，而非財富」，在中國，除了做官以外，別無一條「非做官的道路」（nonbureaucratic road）可以通向社會的顯榮。中國數千年來的政治，實是由以皇帝爲中心的官僚系統所獨占，整個官僚系統並不是與君主平立或對立的，而根本是臣屬於君主的。人民對政治則始終漠不關心，如韋伯所說有一種「非政治的態度」（apolitical attitude），除非在民不聊生，走頭無路，挺而「叛亂」外，別無其他制衡「以君主爲軸心之官僚政治」的濫權途徑〔金耀基，前書：20〕。

(三) 文官組織的政治取向

中國的文官組織則具有更濃的政治性格，且亦不乏權力與衝突。中國傳統的君主專制政治，是透過以皇帝爲中心的巨大科層制度而運作，除此之外，社會上並無其他形式化的政治結構，如西方之政黨、工會等自主性團體。在某一意義上，中國以往只有治道，而無政道，只有吏治而無政治。不過，假如我們以政治體系（political system）是涉及權力、權威之任何人際關係之模式的話，那麼中國的文官制度本身就是一政治體系，而官吏之行爲亦爲政治之行爲。它不但與皇帝有權力之爭，同時與社會其他有力的團體亦有權力之爭。最可一述者，便是科層（文官）制度本身之內部亦充滿權力的衝突。一位學者曾如此地描寫漢代的中央科層組織：「…科層組織並不是一種同質的團體，它是由不同的派別所構成。這些派別建築於個人之權力與地位的野心，或他們所代表的基礎之上，而各個派別無不爲了想領袖羣倫而鬥爭。」總之，中國科層組織之官吏不止是扮演技術性或行政性的角色，而且更活躍於政治鬥爭中。他們並不單單屬於韋伯所說的「超政治」的組織或職業的角色。一點也

不誇張，中國傳統的官吏，不論是高層的或基層的，無不自覺與不自覺地扮演了西方政治家或政客的角色。

二、對行政的影響

當然，過去近百年來，由於西方民主自由思想的傳入，特別是經由以科學為基礎的西方式教育系統的「育化」與「社化」作用，以及科學觀念的啟發，西方的「平民主權」（popular sovereignty）及「憲治主義」（constitutionalism）的理念已開始出現與形成。但從另一角度來看的話，傳統的政治理念與價值，卻依然深深的影響著當前的行政制度與行為。

（一）臣屬的政治文化與敬畏權力的行政行為

在我國的傳統社會中，擁有權力地位的人，即代表了擁有社會的榮譽，擁有人生最高的成就，更代表了擁有足夠的財富。在這種文化背景的薰陶下，人之敬畏權力乃屬真情的表露，敬畏中之「畏」字，係「懼怕」之意。雖「敬」而又「畏」，因此只有「敬而遠之」。這種由傳統文化中所薰陶出對權力的態度，為依賴、被動、和敬畏權力的心理。這種態度被帶入了行政機關之內，從而導致對上級主管的權力地位，也採取了依賴、被動、和敬畏的姿態。

由於五倫縱向權威的轉化，使傳統中國重視「階梯地位」（ladder status）甚於「功能地位」（functional status），亦即重視上下關係甚於分工專業關係。這種觀念使行政權威在流程上形成單向輸出的趨勢，政府多半只從事訊息的傳送而忽略人民的反應。「天聽自我民聽，天視自我民視」只具道德象徵意義。這種長期單向輸出的結果，人民習慣於不表示意見，並視其為美德。人民對政治事務抱消極冷漠心態，而將注意力集中在私利的事務上。

目前行政機關內，下級人員不願見到上級人員，儘量避免與上級接觸，成為普遍的行為傾向。既不願與上級主管接觸，當然上下之間缺乏任何情感的維繫，上級面臨了任何困難，下級不但不伸援手，協助解決困難，反而會採取隔岸觀火的態度，唯恐困難之不能擴大。上級主管對下級之人員亦復如此。下級人員之任何困難，上級向來不屑一顧。由是，上下的社會距離，越來越遠。

（二）家產的官僚主義與科層制度化的衰退

中國自秦漢以迄清代，其基本的社會型態，一般研究傳統中國的學者，從政治的觀點看，大致都同意把它看作是一中央集權的「科層化政治」(bureaucratic polity)，或國人習稱的「官僚政治」或「官僚制度」，認為在這段時間中「科層化的質素」佔了主導的地位。再說得清楚些，秦漢迄清的政治結構上之人際關係，主要的是基於「科層的原則」（即以賢能為拔擢之標準，而上官與下屬之關係是流動的、可變的），而非基於「封建的原則」（即以血統的繼承為原則，而上下之關係是固定的）〔薩孟武，50: 53-54〕。

講傳統中國的「科層化制度」（官僚制度）時，我們必須分為二個層面的意義來分析。

中國「官僚制度」第一個層面的意義是指中國傳統的整個政治體系或社會體系，它包括以皇帝為中心和他直接領屬的「內朝」以及他間接領屬的（為宰相直接領屬）「外朝」或文官系統。就此一層面講，儒家是承認或支持這種政治形態的。事實上儒家從來沒有對這種政治形態（通常稱為君主政體）加以懷疑和挑戰，而只希望在這種形態或架構中注入人本的內涵。此即儒家一方面鼓勵「學優而仕」的參與精神，以「儒化」此一科層結構；另一方面，則承認「一夫可弒」的「叛亂」、「革命」權利，以限制皇權。當然，上面所說的是偏就「理想型」來說

的。「實際」上，這種理想型在中國並未眞正實現，特別是在皇權的限制上是幾乎落空的〔Hsiao, 1967: 41〕。在傳統中國，對這種作爲政治體系或社會體制之「官僚制度」的「實際面」，特別是皇權的泛濫性與「八股」取士方式的批判，也是不乏其人。明末的黄宗羲、顧炎武可說是最典型的代表，而施耐庵的《水滸傳》與吳敬梓的《儒林外史》則更通俗化而尖銳地表達出「反官僚制度」的意識〔薩孟武，56: 30-66〕。

　　中國官僚制度的第二個層面意義，是指中國傳統的文官組織或機關的結構性格。關於中國傳統文官制度的內部結構，白賽爾（John C. Pelzel）認爲具有濃重的韋伯所說的合理性成份,而極近韋伯的科層組織的理想型。他所指出的合理性成份是：（1）政府具有一套依功能而區分的標準化及持久的組織表；（2）職位間有一常規性階層取向的指揮鏈；（3）平常的操作須遵循規章程序而行；（4）行政的紀律有特別的規程加以處理；（5）人事行政是高度理性化的（卽按照普遍性的成就爲標準）。由於中國文官制度含有濃重的韋伯科層組織的合理性成份，因此許多學者都相信文官系統幾乎是中國社會中少數合理化的一個部份。但是，中國傳統文官組織普遍取向的理性原則，卻一方面受到皇權的破壞，一方面亦得不到中國社會一般組織原則的支持。皇權對文官制度的破壞與傷害是較爲顯著的，而社會一般組織原則對文官制度理性原則的衝擊與破壞，則是廣泛而又較隱晦的。這裏所稱的社會一般組織原則，主要是指以儒家爲基底的家族組織原則。儒家之家族組織原則是以五倫爲主調而發展出來的「差序格局」〔薩孟武，56: 22-37〕。這種家族組織原則基本上是「原級團體」（primary group）的「特殊取向」倫理，而與文官組織之爲一「次級團體」（secondary group）所需要的「普遍取向」理性原則不能相符，且有衝突。而在傳統中國，家庭組織是最有力的，因此，社會學者楊慶堃等皆指出家族之特殊取向的倫理，乃滲透、浸蝕

甚至穿破文官制度普遍取向的理性原則，而出現世所詬病的牽引、包庇親友、同鄉的現象。這是與韋伯所講的鐵面無私的「唯理的」精神相背的，也是與韋伯所講的行政的一致性與標準化相衝突。從而，中國的文官制度不能保有韋伯所講的科層組織的純淨性格，而出現社會學上「科層制度化的退落」(debureaucratization) 現象，帕深思乃稱中國為一「特殊取向的成就模式」(particularistic achievement pattern) 〔Parsons, 1964: 195-198〕。

總之，我國工業尚不發達，公職是較大的安身立命之所，士人多湧向仕途，學而優則仕，不僅是士人的文化要求，而且也是士人實現其權威與理想之途。在我國的社會結構中，做官是較易獲得心理與慾望滿足的道路。在我國行政組織的某種程度上，士大夫王國 (scholardom) 與官僚王國 (officialdom) 是相符合的，因此，在中國社會上，以致學為入仕之途，確仍為一捷徑。「學而優則仕」的觀念仍極普遍，從甄選具有才學之士的觀念上看，此觀念並無不妥。優秀的人員從事公職，對組織本身有利無弊，但此觀念若與家族意識結合，則對組織會產生惡性膨脹與無效率的後果。

第四節　經濟制度

一、經濟制度的特色

古典中國在基本上是一古樸的農業社會，它是一個自足型的經濟 (self-contained economy)。它的特徵是全國百分之七十五以上的人民都居住在農村，鄉村居民的主要職業為務農，他們自耕自食，自給自足，代代相因，而每一個生產單位是家庭，故為一「小農之國」。雷格斯在

他所建立的「農業型與工業型」(Agraria & Industria) 的論文中說: 「農業型經濟基礎的最顯著特徵是: 它的佔絕大多數鄉村人口都生活在一個自給自足的基礎上——那就是說, 農夫和鄉村所生產者大都爲他們本身的消費之用, 而所消耗的主要也是他們自己所生產的」〔Riggs, 1957: 22-25〕。根據賴德菲爾特 (Robert Redfield) 在研究一般農業社會中指出: 人們對於在土地上工作視爲一種德性, 並以農耕爲一具有「尊嚴」的生活。在任何一個傳統的農業社會中, 最高的身份卽爲依賴於土地而生存的地位 (landed position), 土地之擁有變成一深刻的情緒上重要價值。中國許多價值觀念 (如多子多孫) 皆從農業性而來, 而一個人在社會上地位之高低與擁田的畝數常具有正比的關係。從社會流動 (social mobility) 來看, 不論是橫向的, 或縱向的, 亦都以農人成爲「士」的成份最大, 卽農人是「治於人」的階級中最有希望成爲「治人」階級的。反之, 商人雖然可以形成勢力, 但始終沒有受到適當的尊敬。

在這種重農輕商的經濟形態下, 中國過去二千年的古典社會, 幾乎與世界其他大文化完全隔絕, 而達到一種平衡、穩固及「不變的狀態」(a condition of homeostasis)。中國古典文化在一個農業基礎的社會中是相當圓滿自足的, 在當時的「天下」結構裏, 中國人不知不覺地形成了一種華夏第一, 中國爲天下之「中」的自我影像。萊特 (A. F. Wright) 對此曾有以下的描述: 「由於中國是在相對的孤立狀態之中, 中國在技術、制度、語言、和觀念上都發展出一種高度的自我滿足感, 在悠久的歲月裏, 受過教育的中國知識份子之精萃, 不知世上尚有在任何方面足以與他們自己的文明相頡頏的其他文明。」〔金耀基, 前書: 42〕

由於中國傳統社會的經濟制度, 是一種以農業爲本的經濟 (peasant agriculture), 而個人過低的收入又不足以形成資本, 其間雖有少量的

手工業與對外的貿易，但一種西方型的「市場經濟」(market economy)則是不存在的，從而「市場律」(laws of market)的意義並不出現，而市場機構 (market mechanism) 的觀念也是陌生的。地主和佃農的契約行為是主要的農業經濟關係，而政府對人民的「徵收」和人民對政府的「完糧納稅」，則是主要的行政連繫。這種行政措施乃導源於長期配合四時耕作的結果。雖然過去一百多年中由於西方科學技術的輸入及人口移動所產生的工業化、商業化及都市化的結果，一切都發生了變化：西方型的市場制度出現了，農業經濟已漸漸轉向工業經濟；一向集中在地主手中最低消費水準以上的剩餘收入，已逐漸轉移到企業家手中；以前投資在農地上的勞力與資本已部份轉而投資到公共事業上去。但是，農業還是經濟生活的主幹，市場結構 (market structure) 依然沒有完全取代傳統的經濟結構，而只是部份的替換 (displace)，整個社會還具有濃厚的雙元性。

二、對行政的影響

這一經濟的基本型態與特質，在政治、行政及文化方面，自然產生了極為深遠的影響，其中較為重要者，可以分從下列兩個角度來說明。

（一）墨守成規的農業型行政行為

如果利用「時間趨向原理」，研究一個國家的行政制度時，首先須要了解的，就是這個行政制度中的各個分子所抱的「時間趨向」如何？假若多數人所抱的「時間趨向」都傾向於「過去」，那麼我們可以假定，這個行政制度決不能擔當起國家發展之大責任來，對於激劇變化中的世界，它更抱著一種排外的心理，不容易接受來自國際或國內社會上一般學者專家的寶貴意見。對於社會的激劇轉變，它也缺乏應變的能力，採取頭痛醫頭、腳痛醫腳的行政行為。例如今天這條馬路剛舖設過

柏油路面，明天不妨挖掉柏油再裝設水管，一切顯得都缺乏協調和事先周密的計畫。

　　對於由社會激劇轉變所附帶產生的必然社會現象，更認為是天大的罪惡，因而油然產生一種「人心不古」之慨。例如社會犯罪案件的日見增加、車禍之頻繁…等等，這些現象乃屬社會轉變所必然產生的現象，而且糾正這些現象，也有根本的途徑，但是以「過去」為其時間趨向的人，根本不從基本上尋求解決，卻搬出歷史的經典以求解決現代的問題，只責怪人心不古。對於這種人，過去的一切都是好的，要想解決現代的問題，非把現代的社會搬回傳統的歷史不可。

　　凡具備這種「時間趨向」的行政制度，它的行政行為多屬逃避現實，為了逃避現實，便只有呆板的死守法規條文，受了法規條文感染而染上了所謂「法規條文病患者」 (legalistism 或稱 ritualistism)。換言之，嚴密的法規，不是達到行政目的的工具，而變成了行政制度逃避社會變遷所產生之壓力的一種屏障，躲在法規制度的背後，消極抵制社會之演進。

　　至於具有這種「時間趨向」的行政制度，在其觀念中並非完全沒有一個「未來」，它也在時時刻刻策劃一個「理想的」未來。但是這個「未來」，並非一番細心的設計而策劃的一個有計畫的「未來」，而是把「歷史的過去」盲目的投射到時間的洪流前頭，因此，這個「未來」只是過去歷史的延伸而已〔姜占魁，前書：96-98〕。

　　(二) 特殊關係取向的行政行為

　　提到社會因素，不能不談社會關係的形態。常有人說，我們社會關係的人情味極濃，這是千眞萬確的事實。從社會學的觀點看，凡人情味十足的社會團體，必是原級的社會團體 (primary social groups)，而非次級的社會團體 (secondary social groups)。原級社會團體和次級

社會團體的不同處， 在於維護團體存在的因素。 維護原級社會團體存在的因素，乃係「情感」；而維護次級社會團體存在的因素，則爲「共同利益」，它完全處於「情感中立」狀態。

原級社會團體有那些呢？一是宗族團體；二是同鄉團體；三是完全以情感爲主而結合的其他團體。我們的社會，乃是一個完全受原級社會團體所籠罩的社會，原級社會團體影響了所有社會關係和社會行爲。在這網絡中就容易養成依賴與保守的性格，因其個人的成就，可能經由族人的協助或借助其家族既有之聲望，因此必須將已得之榮譽與可能獲得之職位，分享其族人。一方面應付家族關係的人情，另一方面亦可由於任用私人而安頓了其個人的一支勢力。有職位可以安插自較單純，否則只有巧立名目，因人設事了。組織的疊床架屋與職掌的混淆重複等病態相繼形成。因人設事的結果，造成人浮於事，一羊九牧的現象。事權因人而分劃不清，故責任亦無從確定，工作分配上亦易勞逸不均。連床疊架的後果，使職責不明，推拖之風易盛。爲了使責任確定，於是公文旅行、會簽，主辦單位儘量的把有關單位都牽扯進去，而會簽的單位也儘量的把玩文字遊戲，時間被延誤了，效率卻是未能增加。

由以上的分析和研究， 我們可以得到一個結論， 那就是行政機關中，無論上級與部屬或同事之間，不可能存有共同的認可觀念或認同情感。相反的，每個人的行爲皆以自我利益爲中心。在這種情形下，上級主管如想達到最起碼的工作上要求，更須靠著與部份部屬之間建立某種特殊關係，靠著特殊關係，始能達到工作上的要求。

行政機關中特殊關係的建立，恰好反映出各種特殊的社會關係。換言之，各種特殊的社會關係，透過了開放的行政機關的大門，滲透到行政機關的每個角落，在行政機關中發生了各種不同的影響。其中較爲重要的有：

(1) 人事上的重視特殊關係，給予人員士氣以致命的打擊。旣講究特殊關係，就必失掉公平原則。因此，一般人員心存不平之感，就自然養成「混」的態度。

(2) 講究特殊關係，形成許多派系。派系之形成，造成行政機關中明爭暗鬪的氣氛。在派系間明爭鬪暗的過程中，公益變爲私利的犧牲品〔姜占魁，前書：96; 284〕。

我們從上面所述，應該已經粗略地捕捉住中國的行政生態與行爲。但是，我們認爲還應該進一步審查中國轉型期社會的特徵。雷格斯是一位研究轉型期社會的公共行政學者，他從泰國、菲律賓這二個國家實地的經驗觀察中，發現這二個轉型期的社會都有三種現象，卽「異質性」(heterogenity)，「形式主義」(formalism) 與「重疊性」(overlapping)。我覺得這三種現象也正是中國轉型期社會的特徵。

參 考 書 目

金耀基：《從傳統到現在》，臺灣商務印書館，民國58年 6 月三版。

金耀基：〈中共反科層組織型模〉，香港《中文大學學報》，第 2 卷第 1 期，民國63年 6 月。

姜占魁：《行政管理論叢》，臺北五南圖書公司出版，民國65年10月初版。

錢穆：《國史新論》，民國55年自印本。

薩孟武：《中國社會政治史》， 4 册，臺北三民書局，民國56年，第 1 册。

Bendix, Rinehard, *Max Weber: An Intellectual Portrait*, Garden City, New York: Doubleday & Company, 1962.

Hsiao, Kung-Chuan, *Rural China: Imperial Control in the Nineteenth Century*, Settle: University of Washington Press, 1967.

Parsons, Talcott, *The Social System*, New York: Free Press, 1964.

Redding, S. G., and Michael Ng, "The Role of Face in the Organizational Perceptions of Chinese Managers," *International Studies of Management & Organization*, Vol. XIII, No. 3, 1983.

Riggs, F. W., "Agraria and Industria: Toward a Typology of Comparative Administration," in W. J. Siffin (ed.), *Toward a Comparative Study of Public Administration*, Indiana: Bloomington, 1975.

第七章　我國行政的適應與未來

　　非西方傳統社會之所以產生變遷的現象，主要是由於西方文化之挑戰，而不得不有所回應，這一回應便導致了社會的變遷。我們可以具體的說，「外發的稜柱社會」(exo-prismatic society)，乃是由於農業性的非西方傳統社會，受到工業化之西方現代社會的壓力而衍發出來的。

　　在外發的變遷中，常是制度已變，而行為未能相互地隨之而變。究其原因，要係由於人們的行為未能在革新之前有效地轉變與適應，改革家們在「外國型模」的影響以及儘速「借取」(borrow)、「採用」(adopt) 或「趕上」(catch up with) 外國制度之慾望的驅迫下，毫無思考餘地的引進新的制度。雷格斯相信，這種借用外國型模，逼使本國社會結構發生形變，的確能造成全社會深遠的變遷，不過，為這種變遷所付出的社會代價卻也是高昂的。社會形變越急劇，則產生形式主義，異質性的危險也越高，而革命的緊張嚴重性也越大。換句話說，一個社會「繞射化過程」中「外發」的成份越多，則稜柱型態中其形式主義與異質性也越大。反之，內發的成份越多，則形式主義與異質性也越小。雖然形式主義、異質性及重疊性三者是所有稜柱社會的共同特徵，但是，這些特徵在「外發型的稜柱社會」中卻遠較在「內發型的稜柱社

會」(endo-prismatic society) 更為顯著。

基於此種認識，我們可以瞭解傳統並不一定構成「發展行政」的障礙。行政革新的過程並不是要掃除傳統的一切，而是先要辨清傳統的利弊，而後再因應情勢的需要，分別加以維護、發揚、修正，或革除。

第一節　過渡社會的動態性

一、行政環境的變遷

我國目前的行政環境，由於政治、經濟、社會各方面的快速發展，已經逐漸走向一個本質上跟以往不太相同的社會，不僅是層次上的差別，而且在性質上也有了相當大的轉變。以下擬從「大陸型」轉向「海島型」、「全國性」轉向「地方性」、「農業型」轉向「工業型」，以及人民需求的差異等四個面向，分別說明：

（一）從「大陸型」轉向「海島型」

從鬆散的大陸型政治社區撤退至較凝聚的海島型政治社區，使得政府運作的生態環境差異頗大。不僅是生活資源和生活方式上的不同，而且也由於海島型的地區性差異不大，因此更有利於建立政治溝通網絡和推展各項政治建設。由於地區性差異不大，其對政府決策的考慮也較易獲得一致性。早年撤臺時，政府提出建設「三民主義模範省」口號，除勵精圖治的精神意義外，即是對凝聚的海島型政治社區，推展政治理想的可能性和成功率較大的衡量。政府運作在這項生態因素中頗有「具體而微」的意義。

（二）從「全國性」轉向「地方性」

這是指在四十年發展經驗中，政府運作的功能已漸由全國性轉向地

方性。這種轉向並不是意味全國性色彩的消失，而是說明長久居於地方而遭受的影響。撤退來臺，使政府運作的全國性範圍和地方性範圍幾乎完全重疊，這種重疊不僅使民眾在感覺上中央和地方漸合爲一，而且也使得全國性利益和地方性利益更爲密切。中央機構和地方機構漸有涵化現象，中央政治系統精英和地方政治系統精英的差異性，也更爲縮小。

（三）從「農業型」轉向「工業型」

這是經由政府發展策略而造成的轉移現象。從早期農地改革，有效聚集農業資本以投資輕工業，經民國四十二年起「四年經建計劃」及民國六十五年後「六年經濟計劃」，我國經濟發展在均富上的成果已爲世界肯定。由於農業性經濟運作蛻變成工業性經濟運作，使社會結構及現象產生重大的變化。政府運作的經濟性功能頗重：職業結構的改變、國民所得的增加、都市化程度提高和日益顯著的「市場取向」價值觀等，都促使政府運作生態因素的改變，而必須從事適應性調整。政府的效能觀亦必須配合工業性生態因素的逐漸強化而革新，政府所強調的專家政治和效能，在這個生態因素中更有實質意義。

我國行政之急需改革，主要原因是由於過去四十年來，經濟快速發展，我國社會已從農業進入工業，不久又可能邁入資訊工業爲主軸的後工業社會。社會已現代化，而行政體系、組織與觀念卻仍然停留在農業社會，或至多略爲向前進展一點的地位而已。傳統的行政是以執法與管制爲主的，與現代行政需以服務與輔助爲主，完全是不一樣的。以執法與管制爲主的傳統行政，行政組織最強調階層性；行政人員重視的是經驗，認爲與社會民眾應保持相當距離，非如此卽不足以減少徇私的可能性；但是，現代行政的組織則不宜過份強調階層性，因爲如此，行政人員的創新與應變的能力就無從培養與發揮，而創新與應變卻正是以服務與輔助爲主軸的行政所不能缺少的。在現代行政中，行政人員的學識與

專門技能或科技能力（如運用電腦等）已具有更大的重要性，經驗固然仍屬需要，但已不佔首要的地位。此外，行政人員必須與社會保持相當密切的關係，蓋因服務與輔助的得當與否，必須從這種密切接觸中獲知，亦即從接觸中獲得問題的認定與政策評估的依據。臺灣地區的經濟社會，在四十年的快速成長變遷下，發展條件的轉變可以分兩個層次說明：

第一，由於自然資源限制的條件日愈苛刻，所以，科技發展的自立與突破，全國資源的合理規劃與運用，以及人力資源的涵養與調配等工作的重要性亦日見迫切。而這些工作，除部分可仰賴市場機能外，政府亦無可避免地要扮演一個十分重要的角色。

第二，四十年來，臺灣地區的經濟發展發生了兩種質變，一方面從以農為主的經濟，轉變到以工為主的經濟；另方面從一個封閉的、自足性的經濟，轉變為開放的、對外導向的經濟。這兩種「質」的轉變，伴隨著經濟生產數量不斷的提高，其所產生的效果，不但已徹底改變了我國傳統社會的生活方式和步調，甚至於社會結構與價值觀念，也同時體現出許多問題，諸如環境保護、農村發展、公害防制、勞資關係、社區發展、社會福利、消費者保護、食品衛生、交通壅塞、倫理重建，以及紀律重整的湧現之上。無疑的，無論是倫理價值觀念的調適，抑或各種問題的因應解決，都有賴於一個有效率的公共部門提供必要的公共勞務。

所以，祇要經濟社會的規模不斷擴大，結構不斷變化，那麼政府的功能與角色也就益趨繁重，相關的行政組織亦自然有加以增刪調整的必要了。

（四）人民需求上的差異

相對於制憲時期對中國人民被動和能力不足的評估，臺灣地區四十

年來已逐漸在改變這個評估的方向。最主要的原因乃是臺灣地區民主政治所須具備的條件逐漸發達所致。教育的普及、社會經濟基礎漸趨穩固、大眾媒體和政治參與機會的增加等,都是促使人民知覺自己需求的動力。政府在這些需求擴張的趨勢中,面對著各項輸入的重疊和複雜,勢必進行更高度的分化和分工。這些民眾需求的差異不僅使政府角色更加多彩多姿,而且民眾亦能知覺地為自己參與政治事務,並進而和政府部門發生互動及溝通的頻率亦必然增加。在這個過程中,最大的特徵乃是對於民意尊重的提昇和政府服務品質要求的提高。民眾的需求已從較低的物質層次推向較高的精神層次,政府所提供的服務已從「經濟財」(economic goods)邁向「文化財」(cultural goods)。再者,這些需求的增加使得人民對地方政府及地方政治社區中的各項資訊倍覺興趣,地方自治的實質意義更能落實。在人民需求的擴張趨勢中,理性是十分重要的,這種理性必須建立在政府服務和政府花費,人民納稅和獲得服務間較客觀的衡量之上〔沈莒達,1983:159〜161〕。

二、多元社會的傾向

臺灣在七十年代,就是最近的十餘年來,由於經濟、社會各方面的快速發展,已經逐漸走到一個本質上跟以往不太相同的社會,不僅是層次上的差別,而且在性質上也有了相當大的轉變。當前社會發展的趨向,隱約之間已經感覺到:它似乎已朝向一個多元社會與多元價值的體系與方向。

「多元社會」一詞,在英語的詞彙中,至少有兩種說法,它們的定義有別,用法也不一樣。一個是 plural society,一個是 pluralistic society。前者主要是文化人類學家所用的,早在1930年代,人類學家佛尼瓦(B.S. Furnival)在印尼做研究時即已使用該一名詞,用來說明當

時印尼的某種「雞犬相聞，老死不相往來」的社會。本文所說的多元社會，當然不是這樣的一個社會，而是後一名詞 pluralistic society 所指的社會。這種社會與哲學家卡波爾 (Karl Popper) 所講的「開放社會」雖非完全一樣，但已相當接近。此種多元社會的內涵，至少包括下列各特點：

(一) 職業的自發化與多元化：「士人之子恆爲士」的現象已不成必然。個人的職業不僅可作垂直的流動而與上一代所屬的階層不同，卽使在個人的一生中，也可以從事水平的流動，自由轉換職業或變更階層。升升降降，時起時落，是常有的事。尤其近年來，政府更創造了刺激經濟活動的制度與環境，從而誘掖了成千上萬的企業家，更加速了此種趨向。

(二) 社團的自發化與多元化：傳統中國的最大特色之一乃是「政治強過社會」。社會民間的力量或與政治相隔（天高皇帝遠）；或被政治壓倒，而始終無法形成獨立於政治之外的自主力量。但以目前的社會來看，民間的社會力量已因工業化之深化而加強，人民在政治之外業已找到了更爲廣濶的天地與立足點。

(三) 文化的自發化與多元化：我們無法否認一個事實，卽在多元的社會裏，大家的同質性(homogeneity)會越來越小，而異質性(heterogeneity)卻越來越大。套上雷格斯的論點：「在由農業邁向工業的社會中，政府的職位，乃是通往聲威、權力，以及財富的最理想道路。傳統階級移動(class mobility)的障碍是掃除了；但具有雄心之知識份子的新階級卻出現了。他們急欲進入秀異份子 (elite) 的集團中去，不幸的是，許多人並不能滿足他們的慾望，有的雖然已經獲得職

位，但大都位卑職微，不足饜其慾望」〔Riggs, 1961: 121-122〕。由於開放社會接觸頻繁，有些次級文化雖然會逐漸改變或消失，但是新的次級文化也會不斷的形成。

(四) 思想的自發化與多元化：經濟的發展一旦達到某一程度，由於自主性的不斷升高，在某種意義上將出現「反叛性」，亦即產生一些我們並不希冀的現象。許多經濟的行為將會依循其本身的「效率邏輯」運行，而不受社會其他文化的價值規範所支配，在基本上是取決於「市場機構」的。西方的資本主義國家，卽是以這種經濟的理性原則為思想的主導。以目前臺灣的情況來說，「經濟邏輯」顯然已改變了「勞心者役人，勞力者役於人」的政治邏輯，也改變了「安貧順天」的文化邏輯。針對此種改變，自需尋求適應的途徑。

(五) 價值的自發化與多元化：簡單的說，價值乃指個人對某種對象的偏好程度。就職業價值而言，傳統上因深受「五倫」關係的影響，直接間接都強化了人們對主管職位的嚮往與熱衷，結果國人深受「官大學問大」的權威價值所主宰。但隨著工商企業的發展，目前最感迫切需求的，乃是技術本位的專才，專業知識與協調功能間的相輔相成，業已成為一個決定業務成敗的關鍵。換句話說，功能權威的發展，業已改變了層級權威的絕對適用性。「主管是協調角色，而非最高角色」的價值觀念，應已成為我們這個社會的主導價值。

目前臺灣的社會現況，用前面所談的五大特點來看，確實已經朝向多元社會的方向快速發展。今天我們所面臨的這個社會，傳統的觀念、傳統的價值規範依然存在；然在另一方面，我們整個的生活方式、生產結構，卻已經有了相當大的轉變。最近幾年來，社會上普遍存在著一

股求變的傾向。這種趨向對我們而言，無論就思想或實際現象來說，都迫切的需要我們去關心、去探討。蓋因「行政文化」(administrative culture)，只是整個社會系統 (general social system) 的一個「附屬文化」(sub-culture) 而已。整個社會系統既已有所變遷，那麼居於「附屬文化」地位的行政行為，自應尋求適應的方向。

三、行政發展的趨向

行政學者艾拉·夏坎斯基 (Ira Sharkansky) 論及一般已開發國家的組織型態時，曾經提出了兩個頗能令人接受的論點：一是政府的組織和民間企業的組織相同，同樣具有高度的結構分工與功能的專業化，而且各個職位人選的遴聘，也是根據個別人士的成就，而非根據家庭狀況或社會階段。二是政府的活動伸展到公共和個人事務方面的廣泛領域，而且有進一步擴張至一切主要領域的趨勢，從而專業分工的需求將與日俱增。在此種社會特質的塑造下，一般已開發國家的官僚體制，顯現了以下諸種特性：

(一) 行政機構龐雜而且擁有許多明顯的附屬機構。這些機構多數需要僱用高度專業化的僱員，他們可以說是代表了社會上可以見到之各行各業專業化人才的精英。

(二) 行政機構允許政府其他分支部門影響它的各項政策，充分反映了對專業化和民選官員合法地位的尊重。

(三) 行政機構被視為具有足夠的專業資格和教育水準，能夠提出專業化的政策報告和建議，以作為立法人員和行政首長決策的參考〔Sharkansky, 1975: 30-31〕。

從以上的分析得知：將功能的專化與分化，以及結構上的理性原則予以制度化整合運用的，就是現代化的官僚組織。最近四十年來的中國

行政，由於社會變遷的專業化與複雜化，生態環境的改變與污染，經濟加速成長與劇變，文化傳統與價值觀念的變化，國際情勢緊張與交通快速的影響，以及科技知識爆炸性的增進，在在都造成政府職能的轉變。到目前為止，至少已有下列諸種迫使我們不得不尋求適應對策的轉向：

(一) 隨著社會之分化與複雜，政府之功能日趨多面化，要處理的問題也日漸增加；同時又由於管理科學發達，直接間接也提供了各種處理變遷的理論與方法。

(二) 政府許多業務需要高度技術、專業人力及昂貴設備。因之地方政府或下級機關以及人民團體實在無能為力，其對上級政府（省政府、中央政府）的仰賴性也日見加重，故政府的原來分散權力 (decentralization)，已呈現出以其他新方式再向上集中 (re-centralization) 的強力趨勢。

(三) 開放性的行政系統，必須有順應環境自動調節的能力（權力），以前行政系統是個別地與環境互應 (interaction)，現在則日趨整體性的互應。

(四) 行政組織的結構發生變化。由於科技的不斷進步，減少了基層的體力消耗；又因充分利用自動資訊系統，代替中層人員百分之八十的例行性資料處理工作，而節省許多中下層的人力；不過高級專業人力卻因設計、規劃、分析等等需要，反而大為增加。 所以， 現在的行政組織結構， 就垂直系統而言，可說是金字塔式的結構日漸轉化為上、 中、 下層的人數相近的梯形或長方形結構；就平面系統而言，特別是領導 (leadership)， 亦卽溝通的樞紐與協調的中心， 原先位居結構頂端的首長或主官，已日漸移至狀如蛛網的協調中心位置。

（五）公務人員地位與素質的提高。由於公共政策更廣泛、更複雜
　　　而又相互依存，以往的各守崗位、奉令辦公的情況已不足以
　　　肆應。易言之，除例行公事外，與其他單位的聯合行動已
　　　日趨增多。亦即機關首長及同僚之間，將需更多更佳之諮
　　　商，即使立法機關亦因立法的需要，常邀請行政人員提供豐
　　　富的經驗，往往受到相當的尊重。

　　我們之追求現代化，就是要使我們的社會與進步社會「指標」間的
差距拉近或消滅。我們對於現代化的態度應是：對於若干不能與指標一
致的傳統，應設法修正，但決非否定這些傳統；反之若干傳統若能支持
此種指標者，更應珍惜。所以，為求行政革新，就應找出優良傳統，並
修正阻礙進步的傳統事物，以期消滅差距，而達成行政的現代化。事實
上，我們有若干傳統恰好是很多其他國家所嚮往的現代化指標，也正是
他們正在努力追求的〔68.5.31：聯合報〕。

第二節　行政適應的方向

　　前已提及，任何一個社會的現代化都離不了「創造」（innovation）
與「適應」（adaption）二個型態，前者來自社會的內部（within），是
一種「內發的力量」（endogenous forces）所促成的；後者則來自社會
的外部（without），是一種「外發的壓力」（exogenous pressures）逼成
的。西方社會的現代化大都屬於「創造」型態：即係由「內發的力量」
促成。非西方社會的現代化則大都屬於「適應」型態：即係由「外發的
壓力」所逼成。當然，任何一個社會的現代化都含有「創造」與「適
應」二者之質素。任何一個社會的進展都或多或少的需要「借取」（
borrow）其他社會的「文化特質」（cultural trait），而任何接受外來「

文化特質」的行為都可說是一種「創造」。

在「借取」外來文化的過程中，最主要的是一種「選擇」(selection)的功能。本文既然是從中國行政生態的角度探討行政革新，在意義上自然將「適應」指涉為一種「選擇性的變遷」(selective change)；至於在內容上則不涵涉所有應行改革的事宜。

一、行政文化的培養

要探討行政的適應方向，首需了解中國傳統行政的形象，此則又必須從中國古典的「行政文化」 (administrative culture) 入手。

任何一個對中國文化稍有研究的人，都不會不知道古典中國是一個龐大而精密的行政國家，中西學者中有人曾誇譽中國的行政系統是人類古典歷史中最完美者。一般說來，統治那個廣土眾民的中華帝國的行政系統，較之歷史上其他的政府，其人員之少，品質之精，而效能之高，確是值得頌揚的。我們知道，古典中國，透過一個相當公平的考試制度，和十分高貴的「學而優則仕」的意識型態，把全國精英網羅在政府之內，使中國成為一個知識份子的政府，這樣一個以「學識」為甄拔基準的行政系統，的確曾為古典的中國社會提供了必要的「功能」。可是，這個行政系統卻是建立在一個農業性的文化上的，因此，古典的「行政文化」也是具有濃厚的農業性的；而當中國基本上由一個農業社會轉向工業社會時，傳統的行政文化卻未能相應地作廣度與深度的轉變。中國目前的行政系統，在形式上，雖然已經有了改變，可是在行政的觀念與行為上卻仍然具有農業性的質素。農業性的行政質素是：靜態的，通才性的，而最重要的則是官吏的行為是「特殊取向」(particularistic orientation)的, 亦即官吏之行為是受到「原級團體」(primary group)，特別是家庭、宗族的壓力所左右。因此在公務行為上，不免

爲「人情」所有，而不能貫徹「一視同仁」的法治精神。根本的說，官吏的意識型態是受到「家庭道德」所宰制的。我們如對現階段的行政作一分析，立刻就會發現，上自中央院部會，下至鄉鎮區公所，幾乎都有濃厚的農業性行政色彩，其表現得最具體的是：沒有一個單位能充分地對一個變動不居的工業經濟提供一種適時的動態性服務；沒有一個單位眞係由技術的專業人員所組成，所接觸到的大都還是搞「等因奉此」的紹興師爺；更沒有一個單位的人員是眞正具有「誰先來，誰先受服務」(first come, first serve) 的「市場道德」。

中國的傳統行政不止是農業性的、文學性的，並且一直是在一個君主專制的政治結構中成長的，因此，它又具有一種「權威性」。除了大儒從政，以天下爲己任外，一般的官吏都擺脫不了「牧民」、「治民」的意識；而政治的形式更是「自上而下」的，政府不在社會之中，而是與社會對立，甚且是完全站在社會之上的，因而官吏乃自然形成一「身份團體」，他們對社會大眾自覺與不自覺地有一種統治權威的「官僚心態」。

以上的特質在一個農業社會是無碍的，蓋因在傳統的社會裏，權力的表現方式，大多取決於社會階層、傳統的規範與信條、組織權威，以及年資與經驗等等；但是在現代的社會裏，權力的表現方式，則是在於專門的知識與技能。由於專家的權力，乃在於其知識的非他人所有，非他人所可預知，因此，他能躍爲社會的主宰力量。從此點衍開出去，我們不難看出德國社會學家麥斯、韋柏 (Max Weber) 的「官僚組織理想型態」，一方面強調由於分工專業化之必要而有分科；另一方面則又強調由於聯繫指揮之必要而有分層，從而，就產生了因分工而出現的「專家職位」，以及因指揮系統而出現的「行政職位」二者之間的主從關係。此一關係，韋柏氏雖然沒有明白的予以處理，不過，當他提及「組

織是由一連串的法規制度所交織而成的結構型態」時，他卻進一步指出：「此一法規制度，一方面用以確立組織之目標，另一方面則用以規範成員的行為，以促其達成組織的目標。」從這點來看，那麼組織目標的確立，不但是一個最先的目標，而且也是一個最後的目的，乃是屬於一種目標價值；至於規範成員的行為，則是達成最終目的的手段而已，純屬一種工具價值。二者用意各殊，實不宜相混。組織目標的規劃與執行，應由各行各業的專家負責，至於對員工行為的規範與協調，則屬行政職位的功能，目的在於幫助組織目標的達成。換句話說，專家的專業權威，就社會的尊榮而言，應該比行政主管的層級權威更受到尊重才對。因此，在整個層級節制的組織體系上，似乎不必本末倒置地，將各行各業的專家，很不合適的置於行政主管職位。

從上一章節的論述中我們得知，在我國的文官制度中，官吏權威的基礎，乃是來自其對儒家經典「規範知識」的掌握，而不是在於其對「技術知識」的訓練。如此之下，通儒的地位遂成為「正式的」，至於技術專家的地位則是「非正式的」，而且必須臣屬於通儒之下。因此，我國古典的行政文化，可以說是一種靜態的，通才性的農業型文化，官吏的意識型態深受「官大學問大」所主宰。尤其是代表傳統文化之一的五倫關係，無一不在強調命令與服從的關係，對層級節制權威的耳濡目染，更加強化了人們對主管職位的嚮往與熱衷。許多專家們之所以願意放棄專家本色而蜂擁擠向主管職位，學者們之所以競相推介，而政治領袖們也樂為順水推舟的理由，也許就是受到此種傳統文化的影響。

但是，我們知道，一個工業社會所需要的行政，乃是動態的，是技術本位的專才，專業知識與協調功能間的相輔相成，業已成為一個決定業務成敗的關鍵。傳統的行政文化業已無法適應當前的需要。因此，在行政文化的培養上，我們似應相應地予以合理的轉變，設法因應情勢的

需要，儘快培養一種「主管是協調角色，而非最高角色」的行政文化，以便讓專家們肯定自我的專家地位，珍惜本身的專業知識。

二、行政行爲的調適

目前研究行政學的人，多以行政機關內的非正式團體作爲主要的研究主題之一。不過無論有關非正式團體形成的因素、內部之運作情況、或對機關組織之影響等，學者們均屬根據歐美各國學者的研究成果，提出來加以討論，甚少針對我國的歷史和文化的背景，進行分析和討論。

目前我國經濟之發展，雖已使國家快要擺脫開發中國家而臻於已開發國家之林，但是就社會發展之觀點看，社會卻仍停留在傳統與過渡之間。我國傳統社會所重視的，是家族團體、同鄉團體，或基於其他直接關係而形成的其他團體等。換言之，我國傳統社會是以家族爲中心的社會，在以家族爲中心的社會中，人的行爲趨向是屬於偏狹的行爲趨向。所謂偏狹的行爲趨向，就是人的行爲均以直接團體利益爲中心，而非以間接團體利益爲中心。目前我國行政機關內，充斥著無數的直接團體，這些團體或具有正式的形式，或缺乏正式的形式，但其在機關組織中所發生的作用卻相當驚人，均拿著機關組織的利益作爲達到直接團體利益的工具。在這種情況下，無論有關工作之指派、人員之調遷、或升遷等，多屬各種直接團體之間彼此協商、討價還價、和折衷的結果。因此機關組織內的公道和原則，深受影響與曲解，從而製造了普遍的怨尤，打擊了人員的士氣。

行政革新如僅限於正式組織之調整、法規制度之修訂、組織之簡化、加強新陳代謝、加強訓練等等，而忽視了這許多非正式直接團體所發生的作用，從而加以糾正之，則所謂行政革新勢必落爲空談〔姜占

魁，69: 505〕。

總括起來說，我們的行政具有了一般行政學理上所指陳的二種最嚴重的病態，一是「過份的組織化」（over-organization），通俗的說，即是繁文縟節，不必限制的都有了限制；另一是「不足的組織化」(under-organization)，通俗的說，即是該有規定的沒有規定，以致牽引親人、貪污弄權，皆得因緣產生。「過份組織化」的結果發生了「為限制而限制」的現象，以致扼殺了行政的適應力與創造力，間接地影響了經濟各方面的發展；「不足組織化」的結果發生了漏洞百出，官吏上下其手的現象，以致造成了行政上的偏差。這二種行政上的病態，都使行政的目的受到歪曲，而對整個社會形成一種負面的「反功能」。這是我們的行政在現代化過程中的潛在性阻力。

要改革我們的行政，可以說千頭萬緒，各人也可以有各人的「藥方」，但是，一般的「藥方」不外乎調整待遇、整飭官箴、簡化手續、起用人才…這些當然重要，如能認真地逐一加以實現，自然可以使整個行政產生一種新的光景。可是，我們以為，要改革中國的行政，必須考慮到中國行政的生態背景，亦即必須改造我們的行政文化，而追源到最後，則在重塑中國的「官僚人格」，因為人還是一切之根本，官吏的人格不改變，則一切制度上的改革都將落空。

那麼，中國的新行政應該需要怎樣的一種官僚人格呢？依據我們前面的觀察，促進中國行政現代化的理想官僚人格應該是具有工業性與民主性的，他必須放棄「以不變應萬變」的靜態觀，而建立「以變應變」的動態觀；他必須放棄「作之君，作之師」的牧民思想，而建立「以輿論為君，以民意為師」的民主思想；同時，他必須具備科學的知識，效率的頭腦，計畫的心態和組織的能力〔金耀基，66: 96-97〕。

三、組織結構的調整

我國現行政府組織,原係遵照 中山先生所著《建國大綱》而規劃,設置中央及地方各層級機關,體制本屬完備,但因國難頻仍,每為應付戰時需要, 機關之增設與員額之擴張, 難免溢出制度範圍; 尤以政府遷移臺灣, 中央及地方機關, 聚處一地, 程序紛繁, 權責難分, 於是各機關業務推行, 難免有缺失牽制之處;且部份中央機關之組織法規,多仍沿用大陸舊制,因此員額編製仍保留在大陸時之建制,但現行實有員額,則係配合在臺灣實情而設定, 致二者形成脫節。例如內政部乃係政府在大陸時之內政、社會、地政、衛生等四部合併而成,其原有員額編製,較內政部現有員額二百餘人, 相差約達十倍;惟政府遷臺後, 內政實際工作, 側重在省市地方機關, 內政部監督指導之幅度有限,而原有之各部業務特性, 又仍需分別保留, 如此業務既互不關聯, 但工作仍須各別推動,因此內政部一級單位之司、處、室為配合業務分工實況,不得不多至將近二十個;二級科、組單位, 則多至八十餘個。人員編組既無法合理, 職稱配置亦難期適當, 致在法規規定之編制員額以外, 復有預算員額, 實有員額等名目。此種情形, 實為適應當前特殊情況之權宜變通辦法, 而非正常之健全體制。

由於行政機關組織龐大而複雜, 加以國情的演變, 社會的進步, 需要的今昔不同, 機關組織自應適時予以調整, 否則難期切合實際。為了使行政院的決策功能得以充分發揮, 我們提出下列建議:

(一) 行政體系的調整

政府組織龐大, 經濟社會發展問題又多, 組織革新工作應從何處著手, 殊費思量, 此處僅就精簡、增設與調整三方面略述要點。

1. 精簡: 由於客觀條件的變化, 部分組織角色淡化, 出現冗贅單

位、閒差等現象，需要精簡刪併。在這方面，優先值得檢討的重點為：

(1) 中央、省、縣三級行政組織的調整問題。

(2) 各機關的臨時任務編制的裁撤問題。

(3) 特定單位，如中信局、物資局及糧食局等之存廢問題。

(4) 各機關內部冗贅組織的刪減問題。

2. 增設：精簡是解決有人沒事做的問題；增設是解決有事沒人做的問題。根據前述現階段所湧現的各種經濟社會問題，可以了解，今後在科技行政、農業行政、貿易行政、環境，以及勞工或社會福利等方面，都有強化組織、統一事權或提升機構層次的必要。

3. 調整：在經濟社會的迅速轉型中，若干組織之重要性不變，但角色功能或有調整的必要，例如：

第一：經濟部宜正名為經濟行政部或工商部，並大幅擴增其內部組織（如商業司、國貿局），同時檢討調整現有投資審議組織的角色與功能。擴增商業、貿易行政單位，目的在於因應日趨龐雜的商業、貿易行政事務；調整投審組織的功能，目的在於使其從消極的投資審核轉變為積極的吸引投資，主要皆是為了順應自由化與國際化的政策趨勢〔齊碩，74：中國時報〕。

第二：行政分權的改革：我國的行政權力一向集中於中央，地方政府聽命行事而已，人事與經費大多仰賴中央。這種行政有三項缺點：一是中央處理的事務過多，對地方的個別需要不易考慮週詳，影響國家發展；二是不利於地方人才，尤其政治與行政人才的培養與歷練。在民主政制下，中央領導人才往往來自地方，集權的結果，將不利於國家未來領導人才的培養；三是對民眾政治興趣的激發，有不利影響。無論如何，由於未來社會的複雜與教

育的普遍，行政集權的繼續維持，將使國家付出更大的代價，而事實上也無需要了。然而，把集權的行政改變為分權的，並非易事。首先，並非一切行政事務都適宜分權，諸如外交與國防顯然不宜分權；其他的領域，其宜否分權也要研究實情後才能決定。其次，地方行政人員的素質必須提高，否則分權不易達到預期效果〔呂亞力，74：中國時報〕。

（二）決策機構的強化

為了使行政院的決策功能得以充分發揮，我們提出下列建議：

1.尊重各部會主管事務的權責：行政院應貫徹分層負責的精神，維持各部會首長權責的完整性，要求各部會首長完全負起其主管事務的責任，凡屬其分內之事，行政院概不過問，卽使請示亦不予答覆，嗣後各部會涉及其他部會的共同事項，提出院會討論，儘量不用呈文，部會遇有重大事項，可視需要辦院稿由行政院頒布，但行政院絕不就部會主管事項逕頒院令。

2.加強不管部會政務委員的輔弼功能：不管部會政務委員除了以超然立場參與行政院會議、協調各部會的意見外，應加強專案研擬工作，以作為行政院長考慮決策時的輔弼之助。基於這一任務，每一位政務委員應有個別的辦公室，並配置必需的秘書、文書及事務人員，俾使他們有充分的時間運用智慧，為行政院長分憂分勞。

3.強化決策幕僚專責機構：現代行政必須是有計畫的行政，行政院除了責成各部會加強推動其主管的事務之外，亦需加強幕僚專責機構的設計及考核工作。目前，依行政院組織法第十四條所組成的幕僚專責機構，在經濟方面有經濟建設委員會，在科學方面有國家科學委員會，在行政方面有研究發展考核委員會。這些幕僚

專責機構，有的已著成效，有的則限於各種影響因素，尚難有所作為。為了使行政院的幕僚專責機構更進一步有所發揮，似可作適度的改組與調整。在設計上可以把主計處、研考會、經建會、國科會合而為一，成立一個比韓國企劃院更周延的機構，下轄綜合計畫、行政發展、經濟發展、科學發展、管制考核、統計綜合、資料、預算、以及會計等單位，以肩負統籌幕僚專責業務的重任。這個型態牽涉組織及主計有關法令問題，要實現這一理想，必先修改法令，因此難期一蹴而成，但不失為一個努力的方向。

（三）行政體系名稱的釐正

現行機關使用名稱，往往不能以名指實，且上下混淆，內外不分。就階層言，五院、學院、醫院、養濟院等，同稱為院；就內部結構言，上自總統府下至縣市政府，均置局處科室；就有無官署地位言，官署與幕僚，均用局、署、處；就職稱而言，省府與鄉鎮民代表會均稱主席；更有甚者，有局下設處，如新聞局；有處下設局，如主計處；有處下設局，局下復設處，如臺灣省交通處下轄鐵路局、公路局，兩局均分處；有處下設處，如臺灣省社會處下設合管處等，縱係久居公門，亦難辨別無誤。

為排除困難，順利達到目標起見，除呼籲早日通過「行政機關組織通則」外，在期待此通則頒布期間，必須先有釐正的要領，茲建議擬定名稱的要領如左：

1. 以基層組織名稱為基準

2. 向上級檢討調整

3. 更換名稱必須符合習俗

四、科技官僚的建立

一個現代化的行政組織，其中有兩個方面最爲重要：第一是具有優良的行政領導，第二是擁有第一流的專家知識。但是，由於專業特質與官僚結構間，本質上卽帶有某種程度的難諧因素存在，因此，組織行爲中的許多難題，大多起源於二者之間的不當協調。在可見的世界裏，由於知識爆炸時代的來臨，過分重視專家已成爲一種顯著的時尚，但絕大多數的組織，卻無不依然根據層級節制的地位體系，作爲任命專業人員的權威基礎，甚至以專家作爲遴選行政主管的重要條件。此種難諧性，往往會在專業人員的角色期望與組織的要求之間，造成反功能性的衝突。不僅釀成專家知識的浪費，而且也導致了行政領導上的不良後果。這一病態性的傾向，久已引起行政學者的隱憂。

爲求化解此種衝突，很多組織都曾相繼採用過「二元的層級節制體系」（dual hierarchies），用以取代「單一的層級節制體系」（single hierarchy），也就是將整個層級節制體系，劃分爲行政人員體系與專業人員體系。然而，既有的事實指出，此種二元的體系，一般說來，仍然無法有效的化解其間的衝突。本節將作一較具系統性的討論，除分析二元體系論的缺失外，並進而提出「三元體系論」（triple hierarchy），試圖在專業與行政職位的關係間，設置另一扮演整合角色的層級，用以結合專業與行政體系分立後的優點。在立論上，主要是取自李可特（Rensis Likert）的「銜接理論」（linking pin），以及勞倫斯（Paul Lawrence）和羅西（Jay W. Lorsch）的「整合角色論」（integrators）。

（一）傳統的一元體系論

關於官僚組織（bureaucracy）的意義，以德國社會學家韋柏（Max Weber, 1864-1920）的解說最爲有名，而且也最常被人引用討論。韋

柏是用「理想型」(ideal type) 的方式來描述官僚組織的特徵，完全是憑其一些經驗的因素和邏輯的推論，再加上其知慧的想像所形成的一種概念架構。依照他的看法，一個現代化的行政組織，至少應具有下列的各種特質：

1. 機關組織乃是根據一連串的法規制度所交織而成的結構型態。這種組織需有其明確的目標；並靠著這一完整的法規制度，用以組織和規範成員的行為。

2. 組織的型態係一層級節制 (hierarchy) 的上下體系，按地位的高低，規定人員間命令與服從的關係。

3. 辦公人員一般都需經過專門的知識訓練；唯有具備規定資格的人士，才被錄用。

4. 處理事物必須遵循一定的規則和程序進行；人員間工作關係的往來和接觸，係一「對事不對人的關係」(impersonal relationship)。

5. 人員的選用，係根據自由的合約關係，按照每一職位的工作需要公開考選。除非人員犯有錯誤，依據法規條文的規定外，組織不得隨便結束這種合約關係。

6. 人員的工作報酬，也有明文規定，除固定的薪俸之外，並需有獎懲和升遷制度。獎懲制度係針對人員工作成績的優劣而設；至於升遷制度，有時係根據人員之工作成績而設；有時係根據年資而設；有時則二者兼而有之。

　　當然，在現實的社會中，我們不敢奢望去尋求一個能夠符合上述每一條件的組織；但無論如何，幾乎所有的組織，在某種程度上都以此一模式，作為其結構設計的標準。問題即在於此一官僚式的條件，其中有幾項與專業人員的態度與價值，彼此間具有嚴重的衝突性。比方說，層級節制的權威結構，強調行政主管的指揮，乃是根據由上而下的層級體

系，將各項命令與指揮，傳達給下屬人員。在此一體系下，往往會伴隨著一種管理文化，亦卽強調財政的健全、組織的忠誠、法規過程的一致性、以及產出質量與組織規模的適度成長等。當然，在此種強調下，控制的方法與評價的標準，也是根據此一標準而設立的。然而，專業人員所具有的各種態度與價值，雖不致於迫使他們放棄其在組織中所應扮演的角色；但在其扮演的過程中，卻必然會受到他們早已根深蒂固之態度與價值的影響。他們會堅持自我的決定，維持高水準的品質，並認同且重視同僚間的互動，以邃其績效的提高和協調活動的達成。他們對於權威體系、評價標準、和控制方法等方面的見解，也由於常和組織管理間有其格格不入的看法，而造成角色上的衝突。其結果，除非該一主管亦被公認爲是一位專業人員，否則，所有的專業人員將會懷疑該位主管，是否具有足夠的專業能力來評價他們？是否有足夠的專業權威來指揮他們？他們很可能會拒絕所有由「非專業人員」（non-professional）所制訂出來的法規與制度，而對組織採取一種條件式的忠誠。

基於以上所述的各項差異，很可能造成兩種不同的組織文化：一是專業文化（professional culture），二是官僚文化（bureaucratic culture）。由專業人員所形成的專業文化，其中包含了四項因素，分別是第一、高度專業化的知能，第二、從事知能活動時要求獨立自主，不受干擾，第三、在知能範圍中，期望能夠獻身專業的發展，以及第四、在利用專業知能時，期望能具影響力和擔負責任。至於由一般非專業人員所形成的官僚文化，其中亦含有幾個因素：一是缺乏彈性的死守法規，二是盲目的效忠組織權威，以及三是在權威體系中追求事業的發展。這兩種文化，彼此水火不容，處於衝突狀態。官僚組織中的上級領導人員，經常以效忠程度作爲對其下級人員的評價標準；而專業人員則由於專業文化所使然，就事業發展上而言，係處於劣勢，無法爭取上級之信任，

因而常生求去之心，從而變成了所謂「宇宙人」(cosmopolitans)，或稱「處處爲家的人」(itinerants)。同時，由於文化的不同，也造成兩種不同的行爲型態：一種是專業生活的專業型態，另一種則是組織管理上的官僚型態。前者認同於專業知識與技能，尋求組織外專業同僚的社會支持，因而造成他們的專業趨向。至於官僚的行爲型態，則強烈認同於特定的組織，他們在組織中過分重視上級的要求，過分迎合上級的好惡，因而造成了他們效忠組織的趨向。

史考特（W. Richard Scott）對於專業人員與官僚組織間的衝突，曾經歸納出兩個一般性的理由：其一是，專業人員參與兩個系統，亦卽同時參與專業和官僚的組織系統，他們在此種二元成員關係的體系中，必須同時扮演兩種不同的角色，使得組織無法期望他們以理性的態度，來完成組織的目標。其二是，專業與官僚二者，在組織中乃基於並抱持兩種完全不同的原理原則，此種原則，在某些領域裏，正足以造成專業人員與一般行政人員間的衝突。因此，假使專業人員堅守他們專業本位的話，那麼在一個「一元的層級體系」(single hierarchy) 中，他們很可能放棄因職位的上升而增加的薪給、權力、地位象徵，以及其他令人羨慕的尊敬（諸如受人尊敬、禮貌等）。尤有進者，在大多數的情形下，他們將漠視各種導致創意消失的工作規範、法規制度，以及工作的程序和標準等等。在此種情形下，由於個人在社會上的成功，大多數乃是取決於官階的上升，透過官階的上升，從而獲得更多的社會尊榮與收入的增加，因此，他們的作法，顯然也代表了「失敗的象徵」(the sign of failure)。尤其在我們的社會文化中所說的「成功」，以服公職而言，在官階上必須有某種程度的上升。唯有如此，個人才會受到公眾的承認並獲得社會的尊榮，也由於如此，因此每個人無不汲汲於官階的攀升。誠如道恩斯(Anthony Downs)在著名的《官僚治體內幕》(*Inside*

Bureaucracy) 一書的結論所說的: 「…政治權力的獲得，賴於官僚階梯的攀升； 而行政功能的推動， 則賴於高層政治權力的妥協。」 果眞如此， 那麼專業人員將何去何從？ 其心境與反應，不難想像。但從另一角度來看， 假使專業人員鑽營於官階的攀升， 那麼就得負起行政或管理的職責。在如此情形下， 他們到底是要維持其專業的領域， 抑或是寧願承受無數個干擾他們自主性的雜務， 從而無法發揮其專業的才能呢？

假如想在單一的升遷體系中， 攀升到一個更高的職位時， 那麼其所憑藉的本領， 應該是在於他個人的目標是否能與組織的目標融合爲一， 而不在於個人獨特的知能與突出的專業績效。惟個人與組織目標一致與否的決定， 則又取決於個人所抱持的價值是否被組織所接受， 以及組織是否重視該人的忠誠而定。所以說， 專業人員在一元的層級節制體系中獲得升遷以後， 不僅意謂著他必須與日俱增的面臨了許多非專業性的工作， 而且也表示了組織將更重視個人的忠誠， 以及其與組織目標的一致性； 而不再重視其專業的成就與標準。此種現象一旦造成， 對於專業本身固是一項浪費； 對於整個行政領導而言， 更會帶來以下幾種嚴重的不良後果， 亦卽組織目標的錯亂、組織協調的障碍， 以及組織認同的受創〔Mintzberg, 1984: 207-224〕。

(二) 官僚與專業分立的二元體系論

爲求避免上述構成專業人員與組織間衝突的因素， 以及爲了給專業人員提供升遷和永業化的途徑， 並避免專業人員鑽營求進， 蜂湧擠向行政階梯以作爲成就的指標起見， 有些組織早已採行一種「二元化的層級制度」(dual hierarchy)， 亦卽在行政的層級之外， 增設一個與之並行之專業職位的升遷體系。此一由專業人員所組成的專業系統,本質上,和由管理人員所組成的行政系統， 乃完全站在一個相等的地位， 其中有關

評核、控制、監督,以及升遷標準等等,則完全參照上述有關專業的特質而設立。此種二元體系的設立與運用,主要目的在於:第一、為所有不願意或不能升入行政層級的專業人員,提供升遷的機會;第二、使得所有在專業上獲有成就的專業人員,能够媲美於有成就的行政人員,同樣能獲得他們所應當有的待遇、聲望、社會地位、和成就感;第三、為專業人員提供較多、較大的自主機會;以及第四、建立一套不致於讓行政職務去干擾專業貢獻的職位體系。二元層級體系的設計,可以說是試圖透過「專業目標途徑」的增闢,以提升專業人員的成就感並增強其對專業目標的追求能力,進而助於化解專業人員與組織間的衝突。此種目標,在採行單一體系的組織裏,雖然往往也能以非正式的途徑獲得,但此種非正式的途徑,對專業人員來講,卻無法從一元的行政體系中,獲得有意義的升遷路線與永業化的途徑。其間的區別,可用圖 7-1 表示如下:

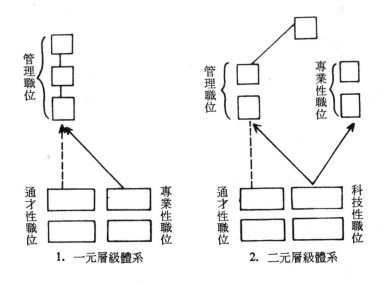

1. 一元層級體系　　　2. 二元層級體系

圖7-1　一元與二元層級體系

到目前為止,一般的大專院校、醫院、以及以研究為取向的組織,大多均已採行二元的層級體系。在這些機構裏,教授及研究人員所獲得的地位聲望與金錢收入,均大於一般的行政職位;但就一般採用二元體系的行政組織,則與上述情形大不相同。一般相關的文獻也指出:一般採用二元層級體系的官僚組織,事實上仍然無法很成功的來解決專業人員與組織間的衝突,而且也無法有效的提供可行的永業化升遷路線和獎勵的機會。其主要原因大致上有以下幾種:

第一、欠缺權力:二元體系失敗的最主要原因,確切的說,就是當一個專業人員在專業體系中獲得了升遷,即意味著他對權力更疏遠了一步。二元體系解除了專業人員在各種有關預算、人事、採購,以及其他行政方面的工作。在一刀兩用之下,不但消除了他們在組織中的各種權力來源,而且也剝奪了他們獲得各種利得的機會。採用二元體系的結果,只有使得專業人員更加而不是減少對通才性人員的依賴。

第二、失敗的象徵:不管真實性如何,專業人員總將專業層級體系,看成為一種專為那些在行政體系中失意的人挽回面子的設計。在有些事例中,專業人員總認為:假使一個人擁有行政的才能,那麼他必然會在行政的體系中,而不是在專業的體系中獲得提拔。當一個人被調回專業體系時,總被認為「不能勝任行政的角色」,而不是不願意去擔任行政方面的職位。尤其在我國傳統的文官體系裏,官吏權威的基礎,乃是來自對儒家經典「規範知識」的掌握,而不是在於其對「技術知識」的訓練。如此之下,通儒的地位遂成為「正式的」,至於技術專家的地位則是「非正式的」,而且必須臣屬於通儒之下。因此,我國古典的行政文化,可以說是一種靜態的、通才性的農業型文化,官吏的意識型態深受「官大學問大」所主宰。尤其是代表傳統文化之一的五倫關係,無一不在強調命令與服從的關係,**對層級節制權威的耳濡目染,更加強化了**

人們對行政主管職位的嚮往與熱衷。許多專家們之所以願意放棄專家本色而蜂湧擠向主管職位，學者們之所以競相推介，而政治領袖們也樂爲順水推舟的理由，也許就是受到此種傳統文化的影響。因此，在我們的社會中，一般人對於行政的地位與角色，總是抱以較高的期望與評價，當一個人無法勝任其行政角色時，卽代表了他的失敗。目前的許多組織也的確利用專業體系，作爲一些不能勝任其職責之行政管理人才的出路，以代替全然的資遣行動。

　　第三、不公平的評價標準：許多研究指出，大多關於專業體系的任命與升遷事宜，僅由通才性人員來擔任品評的工作。在如此情形下，取捨與否，當然不會顧及專業人員的標準與要求，從而，專業人員對於此種考評的合理性，自然抱著存疑的態度。此種態度，至少可以從兩方面來說明：其一是專業人員不承認行政人員具備有考評其績效的資格與能力。在專業人員的心目中，只有同業者才具有評價他們的資格。其二是專業人員不承認行政人員的績效考核標準是適當的。由於此種觀念與行爲差距的存在，因此很多組織中的專業層級體系，普遍存在著一種「空缺職位太多」的現象，以致喪失其應有的誘導價值。根據懷特（W. F. Whyte）的解釋，此種現象的出現，可能是由於一般的組織，都只提升一些已有特殊貢獻的專業人員，在一種不應有之「寧缺勿濫」的心態下，致使專業體系之中層職位的實用人數，遠不如編制的人數。懷特氏進一步指出：當一個擔任監督職位的人，被調升、撤職、退休，抑或降級時，行政主管人員會在一種「行政不可中斷」的邏輯下，認爲此一空缺應該儘早由新人來接任，以便在管理上能讓新人擔任新的職責。但對於專業體系中的空缺職位，則往往要求專業人員在被肯定之前，先證明其出色的才能。亦卽一有出缺職位時，上級並不準備先提升他們，而是在一種人才難求的自嘆下，先要求專業人員表現較大的才能。

從以上的分析中，我們很清楚的可以看出導致二元體系失效的主要原因,乃在於執行上的困難，而不是僅僅在於結構上的問題。然而,正如上面所指出的,其中最爲主要的原因,乃在於專業體系的設計下， 無疑將專業人員調離組織的權力中心，增加了專業人員對通才性管理層級的依賴性。這不僅是執行的問題,而且也是二元體系概念下的一個基本矛盾。

當然，也有少數研究報告指出了二元體系在執行上的成功事例。美中不足的是這些報告, 大多是以一種詼諧的筆調，而且都是從管理人員的立場來論述此一問題，很少是以嚴肅的態度來分析的。就一般的研究與文獻來講，大多強烈地指出了二元體系的無效性。本文繼一元與二元體系的分析之後，將試提三元體系的設計模式。此一模式，在一般的文獻裏雖然未曾出現過，但和旣存的理論與研究，卻是銜接一致的。它不但符合專業人員的特質，而且也同時爲專業人員提供了應有的權力和獲得資源的條件， 以便讓他們得以維持專業的標準與價值。

（三）科技官僚的三元體系論

三元層級體系，如圖 7-2，提供了三種不同的升遷路線,它們依次是: 行政的、專業的、以及協調的體系三種。行政體系的職位， 可提供給所有期望升調至該體系的人員;專業體系僅提供給那些期望擔任專業工作的專業人員; 至於協調的職位， 則是在某些重要的行政職位中， 由專業人員來擔任，這些人不但有其日常的專業性工作，而對於一些專業價值與組織要求之間， 容易發生歧異甚或衝突的事件， 諸如特殊專業性機具的採購、專業及技術人員的選訓、專業人員的監督與協調、專業人員的績效評估、專業人員所需資源的分配，以及有關專業活動經費的編擬等事項， 則比其他體系的同職等職位， 擁有更大的決策權力與行政權威。至於一些不致發生歧見的地方， 該同等職位的協調人員則不具有行政上的權威， 亦卽所有專業人員依然繼續接受行政體系所提供的資料、

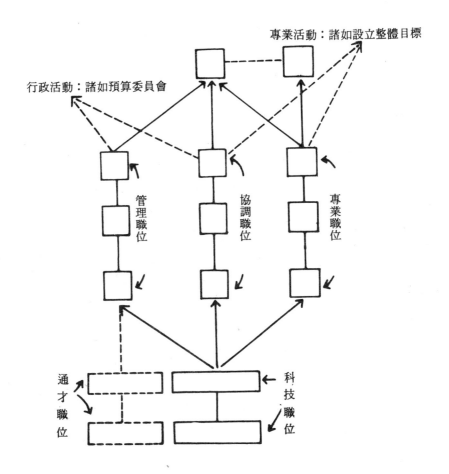

圖7-2 三元的層級體系

資源、與各項服務。

　　將特別領域中的行政權威轉給協調職位時，必須按照各個組織的特殊情況而有不同；而對於三個體系中的職位，均需加以細密的設計，以便在薪資、任派以及其他的福利上，都能相等。協調職位的設計，並非有意壓低行政體系的地位，而是在於肯定彼此的功能。蓋因「專業自主

權」，以及「對主管與同仁之專業認知」，乃是促進專業人員永業化的主要基礎。專業人員的特性與行政人員有著極大的差異，主管若要領導專業人員，就須具備該等專業人員所擁有的知能，否則在「外行領導內行」的情況下，終將導致專業認知的喪失與專業自主的破壞，從而引發專業人員疏離感的橫生。因此，在三元體系下，其權威的分配基礎，乃完全針對著專業與管理間價值的歧異而導致的衝突，並從而致使效率與士氣之下降而設計出來的一種防微杜漸辦法。

協調職位，正如前面所說的，乃代表了組織中的行政與專業間之次級團體的利益。除了能夠根據行政方面的限制來塑造專業人員的期望之外，他們更能在組織的政策、目標制訂，以及在資源的分配事宜上，優先考慮專業人員的期望與需求。在此種角色的扮演下，協調職位儼然變成了專業團體的合法性代表。因此，就組織而言，它可透過協調職位來確保組織的目標，而不致於被專業人員所忽視；再就專業人員而言，亦可透過協調職位來確保各項重要的專業活動，以免遭到組織的干擾〔Martin, 1987: 623-647〕。

在上面有關二元體系的分析裏，曾經提及它將出現或已出現的諸多問題，其中的「欠缺權力」，以及「不公平的評價標準」，在三元體系中是否也同樣會出現呢？在此擬就這兩個面向再作進一步的分析，以顯示其間的強烈對比性。

第一、以「欠缺權力」來說，二元體系無法順利運行，甚至被認為是最大死結的原因，乃在於所有置身於專業體系中的專業人員，有意無意間，被組織從權力的體系中劃分出來，並且必須依賴於通才資格的行政人員，以求獲得應有的資源與服務。但在三元體系的設計下，卻將行政體系的權威，侷限於一般非專業性的資源與服務的獲得與處理；至於在其他方面，則由協調職位來提供給專業體系中的成員。協調職位的成

員，乃是從專業體系的成員中，依其個人的意願與能力而遴選任命者，不管如何，較之行政職位，將更能分享專家的價值，而且也更能通盤瞭解專家的期望與需求。

第二、再以「不公平的評價標準」而言，正如上面所說的，在二元的體系裏，一方面由於被考評的專業人員，否認那些具有考核權力的行政人員具備這方面的才能；另一方面則由於專業人員與考核者之間，對於績效的標準發生歧異。對於這些問題，三元體系較之二元體系，更易於處理。蓋因有關專業人員的升遷考評與推薦，都是由協調職位來處置，而非由行政人員越俎代庖。

二元體系的其他問題，諸如專業與行政兩種體系間的欠缺平衡、專業體系中的空缺職位、以及調職到專業體系卽代表一種失敗象徵的看法，在三元體系中亦有存在的可能。然而，在三元體系中雖然無法自動解決這些問題，但也不可能自動創造這些問題。在設計三元體系時，如能審慎從事，對於第一及第二問題，也許可能杜漸防微；而在運用過程中，如能善用專業體系，那麼只要假以時日，也許能將其他問題減至最低程度。

林頓 (Rolf P. Lynton) 分析了勞倫斯與羅西(Paul B. Lawrence and Jay W. Lorsch)，布恩斯與史托克 (Tom Burns and G. M. Stalker)，武德握 (Joan Woodward)，以及羅西 (J. W. Lorsch) 等人的個人作品或合著之後，於一九六九年所提出的一項結論中曾指出：在一個高度分化，而其次級系統又具有較大自主性的情況下，那麼就必須在一種較為正式的，以及永久的基礎上，從事於各種有效的連結設計。認為所有有關整合的，以及專業方面的功能理性 (functional rationality)，如能透過多元體系的永久性結構設計，其效果將優於非正式的，或暫時性的結構設計。

　　除了結構的正式化之外，在某些特殊的領域裏，協調職位也應該擁有某些正式化的權威，以便可以透過實際的權力，而不必經由非正式的影響力，來發揮整合的功能。當然，在某種程度上，影響力的出現，並不一定要來自正式化的權威，但正式權威卻可強化影響力，而且也可以緩和並減少角色衝突下所帶來的壓力。

　　本文所提的協調職位，在實際的應用上雖然未被採用過，但其功能卻經常以不同的方式而得以逐行。組織中的委員會、工作小組、抑或是其他相關的結構，甚至較具影響力的個人，同樣的也能完成銜接和整合的功能，但正如前述，問題卽在於無法給專業人員，提供有意義的永業化升遷路線。換句話說，協調職位的正式化設計，目的旣然在於讓它發揮「居間的作用」和「整合的功能」，因此在學理上似可以拿來和李可特 (R. Likert) 的「銜接功能作用」(linking pin)，和勞倫斯及羅西 (P. Lawrence and J. Lorsch)的「整合角色」(the integrator role) 相互比較。亦卽在一般組織設計的文獻上雖然還沒有被人明顯的提過，但在知識的累積上，其立論的基礎卻是根源於李可特的「銜接功能作用」和勞倫斯與羅西的「整合角色」。

　　三元體系的設計，目的在於促進專業人員與官僚組織間的整合。在設計上，此種體系可從下列諸角度，而有助於專業人員的發展：一是爲那些有意從專業體系中遷調到行政體系的人員，提供升遷的機會；二是爲那些無意或不適合擔負行政職務的專業人員，建立升遷的管道；三是提供協調職位以足夠的權威，使他們一方面得以顧及組織的目標，一方面又能維護專業的價值與標準；以及，四是從結構設計的角度，化解專業人員與組織間的衝突。因此，三元體系的設計，除了符合二元體系的目標之外，更進而避免了結構設計上的缺陷。

　　三元體系，對管理人員來說，也是有好處的。所有足以引發與專業

人員發生衝突的事務，都已從他們的權威領域中劃分出來，自然可以消弭各種無謂的紛爭。加以他們得以經常和協調職位的人員溝通，此對於管理人員來說，亦屬有利。蓋因這些協調職位，至少比較同情他們的問題，而對於組織的實際現象與各種限制，也知道得比較多。當然，三元體系並非可以完全取代其他各種解決衝突與整合的方法。在使用上仍需與其他的各種設計，諸如委員會、工作小組、以及各種形式的整合角色交替並用，以便能够更加有效的來整合組織的各項目標與行爲。

在三元體系被認爲足以有效的解決本文所述的各項目標之前，當然仍需經過很多的實驗與修正，然而，就目前所知，無論是一元的體系，抑或是二元的體系，面對上述目標，可說皆感棘手。本文所提之三元體系，雖屬提示性的，但從結構設計的角度而言，未嘗不是一個前景看好的可行模式〔彭文賢，71: 54-71〕。

總之，現代的行政組織已儼然如同一個具體而微的社會，舉凡社會的變遷均將引起組織的變遷；而組織的變遷也會導致社會的變革。組織雖然提供了工作機會，但也成了困擾的來源。在新環境裏，組織問題已大大的類似於社會裏的政治問題，以往獨立自主的組織已經不復存在；組織的領導者，愈來愈像是一位政治家，不但要應付組織內的衝突，而且還要應付外界的壓力。所以未來的組織所受之「政治社會面的影響」將會日益增大，組織問題的來源，將不限於組織內部，而且也會來自社會及其他組織間的互動關係。換句話說，未來組織設計的核心課題，將是「組織的社會化」(organization socialization) 問題。

就組織設計的情境面而言，我們可以斷言：「未來之激盪所加諸於吾人身心之痛苦，乃是由於吾人過度的堅守於既有的制度與決策所致」〔Mitchell, 1974: 265〕。爲了避免過分的激盪並作適當的適應起見，對於外在無數的刺激與改變，雖不必一一加以考慮，但卻應本於個人的身

份地位、角色扮演，以及組織目標的不同等等，從縱橫兩種角度，將各種生態環境的影響變數區分爲較重要與較不重要，或較多影響與較少影響等主從變項，而後再作個別的因應方法。

參 考 書 目

呂亞力： 〈展開後工業社會的行政革新〉，載於民國74年 5 月20日《中國時報》第二版。

沈莒達： 《中山先生萬能政府的系統分析原理》，中山大學中山學術研究所碩士論文，民國72年6月。

金耀基： 《中國現代化與知識份子》，臺北言心出版社，民國66年 4 月初版。

姜占魁： 《行政學》，五南圖書出版公司，民國69年 1 月初版。

彭文賢： 〈行政權威的多元設計模式〉，《中興大學公共政策學報》第五期，民國71年 4 月。

齊碩： 〈組織革新是國家現代化的起點〉，載於民國74年 4 月27日。《中國時報》第二版。

繆全吉： 《行政革新研究專集》，臺北聯經出版事業公司，民國67年 7 月初版。

繆全吉等： 〈政治革新要由行政革新著手〉，載於民國67年 5 月31日及 6 月4日《聯合報》。

Litterer, Joseph A., *The Analysis of Organization*, New York: John Wiley and Sons, Inc., 1933.

Martin, Joanne and Debra Meyerson, "Cultural Change: A Integration of Three Different Views," *Journal of Management*

Studies, Vol. 24, No. 6 (November 1987), 623-647.

Mintzbeng, Henry, "Power and Organization Life Cycles," *Academy of Management Review,* Vol. 9, No. 2, 1984.

Mitchell, James M. and Rolfe E. Schraeder, "Future Shock for Personnel Administration," *Public Personnel Management* Vol. 3, No. 4, July-August, 1974.

Riggs, Fred W. (ed.), *Frontiers of Development Administration,* North Carolina: Duke University Press, 1970.

_____, *The Ecology of Public Administration,* New Delhi: Asia Publishing House, 1961.

Sharkansky, Ira, *Public Administration: Policy-Making in Government Agencies,* 3rd. ed., Chicago: Rand McNally College Publishing Company, 1975.

三民大專用書書目

國父遺教

國父思想	涂子麟	著	中山大學
國父思想	周世輔	著	前政治大學
國父思想新論	周世輔	著	前政治大學
國父思想要義	周世輔	著	前政治大學

法　　律

中國憲法新論	薩孟武	著	前臺灣大學
中國憲法論	傅肅良	著	中興大學
中華民國憲法論	管　歐	著	東吳大學
中華民國憲法逐條釋義㈠～㈣	林紀東	著	臺灣大學
比較憲法	鄒文海	著	前政治大學
比較憲法	曾繁康	著	臺灣大學
美國憲法與憲政	荆知仁	著	政治大學
國家賠償法	劉春堂	著	輔仁大學
民法概要	鄭玉波	著	臺灣大學
民法概要	董世芳	著	實踐學院
民法總則	鄭玉波	著	臺灣大學
判解民法總則	劉春堂	著	輔仁大學
民法債編總論	鄭玉波	著	臺灣大學
判解民法債篇通則	劉春堂	著	輔仁大學
民法物權	鄭玉波	著	臺灣大學
判解民法物權	劉春堂	著	輔仁大學
民法親屬新論	黃宗樂 等	著	臺灣大學
民法繼承新論	黃宗樂 等	著	臺灣大學
商事法論	張國鍵	著	臺灣大學
商事法要論	梁宇賢	著	中興大學
公司法	鄭玉波	著	臺灣大學
公司法論	柯芳枝	著	臺灣大

— 2 —

書名	著者		服務機關
強制執行法	陳榮宗	著	臺灣大學
法院組織法論	管歐	著	東吳大學

政治・外交

書名	著者		服務機關
政治學	薩孟武	著	前臺灣大學
政治學	鄒文海	著	前政治大學
政治學	曹伯森	著	陸軍官校
政治學	呂亞力	著	臺灣大學
政治學概要	張金鑑	著	政治大學
政治學方法論	呂亞力	著	臺灣大學
政治理論與研究方法	易君博	著	政治大學
公共政策概論	朱志宏	著	臺灣大學
公共政策	曹俊漢	著	臺灣大學
公共政策	朱志宏	著	臺灣大學
公共關係	王德馨	等著	交通大學
中國社會政治史(一)～(四)	薩孟武	著	前臺灣大學
中國政治思想史	薩孟武	著	前臺灣大學
中國政治思想史（上）（中）（下）	張金鑑	著	政治大學
西洋政治思想史	張金鑑	著	政治大學
西洋政治思想史	薩孟武	著	前臺灣大學
中國政治制度史	張金鑑	著	政治大學
比較主義	張亞澐	著	政治大學
比較監察制度	陶百川	著	國策顧問
歐洲各國政府	張金鑑	著	政治大學
美國政府	張金鑑	著	政治大學
地方自治概要	管歐	著	東吳大學
國際關係——理論與實踐	朱張碧珠	著	臺灣大學
中美早期外交史	李定一	著	政治大學
現代西洋外交史	楊逢泰	著	政治大學

行政・管理

書名	著者		服務機關
行政學（增訂版）	張潤書	著	政治大學
行政學	左潞生	著	中興大學
行政學新論	張金鑑	著	政治大學

系統分析 　　　　　　　　　陳　　進　著　　前大　聖瑪麗學

社　會

書名	著者	學校
社會學	蔡文輝　著	印大　第安那學
社會學	龍冠海　著	前臺灣大學
社會學	張華葆　主編	東海大學
社會學理論	蔡文輝　著	印大　第安那學
社會學理論	陳秉璋　著	政治大學
社會心理學	劉安彥　著	傑克遜州立大學
社會心理學	張華葆　著	東海大學
社會心理學	趙淑賢　著	安柏拉校區
社會心理學理論	張華葆　著	東海大學
政治社會學	陳秉璋　著	政治大學
醫療社會學	廖榮利　等著	臺灣大學
組織社會學	張笠雲　著	臺灣大學
人口遷移	廖正宏　著	臺灣大學
社區原理	蔡宏進　著	臺灣大學
人口教育	孫得雄　編著	東海大學
社會階層化與社會流動	許嘉猷　著	臺灣大學
社會階層	張華葆　著	東海大學
西洋社會思想史	張承漢　等著	臺灣大學
中國社會思想史（上）（下）	張承漢　著	臺灣大學
社會變遷	蔡文輝　著	印大　第安那學
社會政策與社會行政	陳國鈞　著	中興大學
社會福利行政（修訂版）	白秀雄　著	臺灣大學
社會工作	白秀雄　著	臺灣大學
社會工作管理	廖榮利　著	臺灣大學
團體工作：理論與技術	林萬億　著	臺灣大學
都市社會學理論與應用	龍冠海　著	前臺灣大學
社會科學概論	薩孟武　著	前臺灣大學
文化人類學	陳國鈞　著	中興大

— 5 —

勞工問題	陳國鈞	著	中興大學
少年犯罪心理學	張華葆	著	東海大學
少年犯罪預防及矯治	張華葆	著	東海大學

教　育

教育哲學	賈馥茗	著	臺灣師大
教育哲學	葉學志	著	彰化教院
普通教學法	方炳林	著	前臺灣師大
各國教育制度	雷國鼎	著	臺灣師大
教育心理學	溫世頌	著	傑克遜州立大學
教育心理學	胡秉正	著	政治大學
教育社會學	陳奎憙	著	臺灣師大
教育行政學	林文達	著	政治大學
教育行政原理	黃文輝	主譯	臺灣師大
教育經濟學	蓋浙生	著	臺灣師大
教育經濟學	林文達	著	政治大學
工業教育學	袁立錕	著	彰化教院
技術職業教育行政與視導	張天津	著	臺灣師大
技職教育測量與評鑒	李大偉	著	臺灣師大
高科技與技職教育	楊啟棟	著	臺灣師大
工業職業技術教育	陳昭雄	著	臺灣師大
技術職業教育教學法	陳昭雄	著	臺灣師大
技術職業教育辭典	楊朝祥	編著	臺灣師大
技術職業教育理論與實務	楊朝祥	著	臺灣師大
工業安全衛生	羅文基	著	臺灣師大
人力發展理論與實施	彭台臨	著	臺灣師大
職業教育師資培育	周談輝	著	臺灣師大
家庭教育	張振宇	著	淡江大學
教育與人生	李建興	著	臺灣師大
當代教育思潮	徐南號	著	臺灣師大
比較國民教育	雷國鼎	著	臺灣師大
中等教育	司琦	著	政治大學
中國教育史	胡美琦	著	文化大學

中國現代教育史	鄭世興	著	臺灣師大
中國大學教育發展史	伍振鷟	著	臺灣師大
中國職業教育發展史	周談輝	著	臺灣師大
社會教育新論	李建興	著	臺灣師大
中國社會教育發展史	李建興	著	臺灣師大
中國國民教育發展史	司　琦	著	政治大學
中國體育發展史	吳文忠	著	臺灣師大
如何寫學術論文	宋楚瑜	著	臺灣大學
論文寫作研究	段家鋒	等著	政戰學校等

心理學

心理學	劉安彥	著	傑克遜州立大學等
心理學	張春興	等著	臺灣師大
人事心理學	黃天中	著	淡江大學
人事心理學	傅肅良	著	中興大學

經濟・財政

西洋經濟思想史	林鐘雄	著	臺灣大學
歐洲經濟發展史	林鐘雄	著	臺灣大學
比較經濟制度	孫殿柏	著	政治大學
經濟學原理（增訂新版）	歐陽勛	著	政治大學
經濟學導論	徐育珠	著	南康涅狄克州立大學
經濟學概要	歐陽勛	等著	政治大學
通俗經濟講話	邢慕寰	著	前香港大學
經濟學（增訂版）	陸民仁	著	政治大學
經濟學概論	陸民仁	著	政治大學
國際經濟學	白俊男	著	東吳大學
國際經濟學	黃智輝	著	東吳大學
個體經濟學	劉盛男	著	臺北商專
總體經濟分析	趙鳳培	著	政治大學
總體經濟學	鐘甦生	著	西雅圖銀行
總體經濟學	張慶輝	著	政治大學
總體經濟理論	孫　震	著	臺灣大學

書名	作者		學校／機構
數理經濟分析	林大侯	著	臺灣大學
計量經濟學導論	林華德	著	臺灣大學
計量經濟學	陳正澄	著	臺灣大學
經濟政策	湯俊湘	著	中興大學
合作經濟概論	尹樹生	著	中興大學
農業經濟學	尹樹生	著	中興大學
工程經濟	陳寬仁	著	中正理工學院
銀行法	金桐林	著	中華銀行
銀行法釋義	楊承厚	著	銀行
商業銀行實務	解宏賓	編著	中興大學
貨幣銀行學	何偉成	著	中正理工學院
貨幣銀行學	白俊男	著	東吳大學
貨幣銀行學	楊樹森	著	文化大學
貨幣銀行學	李穎吾	著	臺灣大學
貨幣銀行學	趙鳳培	著	政治大學
現代貨幣銀行學	柳復起	著	新南威爾斯大學
現代國際金融	柳復起	著	新南威爾斯大學
國際金融理論與制度（修訂版）	歐陽勛等	編著	政治大學
金融交換實務	李麗	著	中央銀行
財政學	李厚高	著	逢甲大學
財政學（修訂版）	林華德	著	臺灣大學
財政學原理	魏萼	著	政治大學
商用英文	張錦源	著	政治大學
商用英文	程振粵	著	臺灣大學
貿易契約理論與實務	張錦源	著	政治大學
貿易英文實務	張錦源	著	政治大學
信用狀理論與實務	蕭啟賢	著	輔仁大學
信用狀理論與實務	張錦源	著	政治大學
國際貿易	李穎吾	著	臺灣大學
國際貿易實務詳論	張錦源	著	政治大學
國際貿易實務	羅慶龍	著	逢甲大學

國際貿易理論與政策（修訂版）	歐陽勛等編著	政 治 大 學
國際貿易政策概論	余 德 培 著	東 吳 大 學
國際貿易論	李 厚 高 著	逢 甲 大 學
國際商品買賣契約法	鄧 越 今 編著	外 貿 協 會
國際貿易法概要	于 政 長 著	東 吳 大 學
國際貿易法	張 錦 源 著	政 治 大 學
外匯投資理財與風險	李 麗 著	中 央 銀 行
外匯、貿易辭典	于 政 長 編著 張 錦 源 校訂	東 吳 大 學 政 治 大 學
貿易實務辭典	張 錦 源 編著	政 治 大 學
貿易貨物保險（修訂版）	周 詠 棠 著	中央信託局
貿易慣例	張 錦 源 著	政 治 大 學
國際匯兌	林 邦 充 著	政 治 大 學
國際行銷管理	許 士 軍 著	新加坡大學
國際行銷	郭 崑 謨 著	中 興 大 學
行銷管理	郭 崑 謨 著	中 興 大 學
海關實務（修訂版）	張 俊 雄 著	淡 江 大 學
美國之外匯市場	于 政 長 譯	東 吳 大 學
保險學（增訂版）	湯 俊 湘 著	中 興 大 學
人壽保險學（增訂版）	宋 明 哲 著	德 明 商 專
人壽保險的理論與實務	陳 雲 中 編著	臺 灣 大 學
火災保險及海上保險	吳 榮 清 著	文 化 大 學
市場學	王 德 馨 等著	中 興 大 學
行銷學	江 顯 新 著	中 興 大 學
投資學	龔 平 邦 著	前逢甲大學
投資學	白 俊 男 等著	東 吳 大 學
海外投資的知識	葉 雲 鎮 等譯	
國際投資之技術移轉	鍾 瑞 江 著	東 吳 大 學

會計·統計·審計

銀行會計（上）（下）	李 兆 萱 等著	臺灣大學等
初級會計學（上）（下）	洪 國 賜 著	淡 水 工 商
中級會計學（上）（下）	洪 國 賜 著	淡 水 工 商
中等會計（上）（下）	薛 光 圻 等著	西東大學等

會計辭典　　　　　　　　　龍毓珊　譯　　臺灣大學
會計學（上）（下）　　　　幸世間　著　　臺灣大學
會計學題解　　　　　　　　幸世間　著　　臺灣大學
成本會計（上）（下）　　　洪國賜　著　　淡水工商
成本會計　　　　　　　　　盛禮約　著　　淡水工商
政府會計　　　　　　　　　李增榮　著　　政治大學
政府會計　　　　　　　　　張鴻春　著　　臺灣大學
稅務會計　　　　　　　　　卓敏枝　等著　臺灣大學等
財務報表分析　　　　　　　洪國賜　等著　淡水工商等
財務報表分析　　　　　　　李祖培　著　　中興大學
財務管理　　　　　　　　　張春雄　著　　政治大學
財務管理（增訂新版）　　　黃柱權　著　　政治大學
商用統計學（修訂版）　　　顏月珠　著　　臺灣大

商用統計學　　　　　　　　劉一忠　著　　舊金山州立大學

統計學（修訂版）　　　　　柴松林　著　　政治大學
統計學　　　　　　　　　　劉南溟　著　　前臺灣大學
統計學　　　　　　　　　　張浩鈞　著　　臺灣大學
統計學　　　　　　　　　　楊維哲　著　　臺灣大學
統計學　　　　　　　　　　顏月珠　著　　臺灣大
統計學題解　　　　　　　　顏月珠　著　　銘傳管理學院

推理統計學　　　　　　　　張碧波　著　　銘傳管理學院

應用數理統計學　　　　　　顏月珠　著　　臺灣大學
統計製圖學　　　　　　　　宋汝濬　著　　臺中商專
統計概念與方法　　　　　　戴久永　著　　交通大學
審計學　　　　　　　　　　殷文俊　等著　政治大學
商用數學　　　　　　　　　薛昭雄　著　　政治大學
商用數學（含商用微積分）　楊維哲　著　　臺灣大學
線性代數（修訂版）　　　　謝志雄　著　　東吳大學
商用微積分　　　　　　　　何典恭　著　　淡水工商
微積分　　　　　　　　　　楊維哲　著　　臺灣大學
微積分（上）（下）　　　　楊維哲　著　　臺灣大學
大二微積分　　　　　　　　楊維哲　著　　臺灣大

| 機率導論 | 戴久永 著 | 交通大學 |

新 聞

傳播研究方法總論	楊孝濚 著	東吳大學
傳播研究調查法	蘇 衡 著	輔仁大學
傳播原理	方蘭生 著	文化大學
行銷傳播學	羅 文坤 著	政治大學
國際傳播	李 瞻 著	政治大學
國際傳播與科技	彭 芸 著	政治大學
廣播與電視	何貽謀 著	輔仁大學
廣播原理與製作	于洪海 著	中 廣
電影原理與製作	梅長齡 著	前文化大學
新聞學與大眾傳播學	鄭貞銘 著	文化大學
新聞採訪與編輯	鄭貞銘 著	文化大學
新聞編輯學	徐 旭 著	新生報
採訪寫作	歐陽醇 著	臺灣師大
評論寫作	程之行 著	紐約日報
新聞英文寫作	朱耀龍 著	前文化大學
小型報刊實務	彭家發 著	政治大學
廣告學	顏伯勤 著	輔仁大學
媒介實務	趙俊邁 著	東吳大學
中國新聞傳播史	賴光臨 著	政治大學
中國新聞史	曾虛白 主編	
世界新聞史	李 瞻 著	政治大學
新聞學	李 瞻 著	政治大學
新聞採訪學	李 瞻 著	政治大學
新聞道德	李 瞻 著	政治大學
電視制度	李 瞻 著	政治大學
電視新聞	張 勤 著	中視文化公司
電視與觀眾	曠湘霞 著	政治大學
大眾傳播理論	李金銓 著	明尼西達大學
大眾傳播新論	李茂政 著	政治大學

書名	作者		出版單位
大眾傳播與社會變遷	陳世敏	著	政治大學
組織傳播	鄭瑞城	著	政治大學
政治傳播學	祝基瀅	著	
文化與傳播	汪琪	著	政治大學

歷史·地理

書名	作者		出版單位
中國通史（上）（下）	林瑞翰	著	臺灣大學
中國現代史	李守孔	著	臺灣大學
中國近代史	李守孔	著	臺灣大學
中國近代史	李雲漢	著	政治大學
中國近代史（簡史）	李雲漢	著	政治大學
中國近代史	古鴻廷	著	東海大學
隋唐史	王壽南	著	政治大學
明清史	陳捷先	著	臺灣大學
黃河文明之光	姚大中	著	東吳大學
古代北西中國	姚大中	著	東吳大學
南方的奮起	姚大中	著	東吳大學
中國世界的全盛	姚大中	著	東吳大學
近代中國的成立	姚大中	著	東吳大學
西洋現代史	李邁先	著	臺灣大學
東歐諸國史	李邁先	著	臺灣大學
英國史綱	許介鱗	著	臺灣大學
印度史	吳俊才	著	政治大學
日本史	林明德	著	臺灣師大
日本現代史	許介鱗	著	臺灣師大
近代中日關係史	林明德	著	臺灣師大
美洲地理	林鈞祥	著	臺灣師大
非洲地理	劉鴻喜	著	臺灣師大
自然地理學	劉鴻喜	著	臺灣師大
地形學綱要	劉鴻喜	著	臺灣師大
聚落地理學	胡振洲	著	中興大學
海事地理學	胡振洲	著	中興大學
經濟地理	陳伯中	著	前臺灣大學
都市地理學	陳伯中	著	前臺灣大學